春乃れぃ
haruno rei

ホメテク

恋も仕事もすべて思い通りになる

MMR

まえがき

あたしは自他共に認める、『ホメ殺し屋』です。

思っていなくとも、ホメることが可能です。

思っていれば、よりディープにホメることができます。

言葉はなくとも、表情と仕草のみを使ってホメることだってできます。

オーバーにホメることも、本心っぽくホメることも可能なあたしは、自由自在に自分を操ることができます。


「すごい……」

とつぶやきながら、涙を浮かべる演技も朝飯前のニチジョーチャメシ。

ホメ言葉は、相手を気持ちよくさせるだけでなく、回りまわって**オイシイ付録**をつけて必ず返って来てくれます。

だからとにかく、ホメましょう。

意中の彼、兄弟、恋人、夫。

担任の男の先生、男の上司、親戚のおじさんやおじいちゃま。

オチンチンが付いている、生物学的にオスに分類されている面々はすべてホメゴロシましょう。

ホメ上手は一日にしてならず。

毎日・毎分・毎秒が訓練だと思って、傍にいるすべての男をホメましょう。

そうすれば、あなたの未来は間違いなく明るいです。

そして、書かずもがなですが——ホメ上手な女は間違いなくモテます。

仮に今これを読んでいるあなたが、仮にもう若くなくとも、仮にもう重力には逆らえなくとも!

ホメテクをモノにしたあなたは、三十路を過ぎても大丈夫。モテます、愛されます、保証します。


——ホメテクだけで人生を渡っている春乃れぃより

Contents

ホメテク

Lesson1 基礎編

ホメるだけで人生は渡れる

〈ホメテクの極意〉

〈ホメテクの格言〉

Lesson 2 実践編

たったこれだけで好感度あがりまくり

Lesson3
応用編

デートで使えば200倍愛される

Lesson4
実技テスト

カバーデザイン――こやまたかこ
本文デザイン――こやまたかこ＋木村美里
イラスト――小迎裕美子
制作――長尾義弘
編集――梅木読子

Lesson 1
基礎編

ホメるだけで
人生は渡れる

男をホメるとどんな効果があるの？

他人からホメられて気持ち悪がる男は、ホメられ慣れていない人生を送ってきたか、それとも心にやましさを飼っているか、はたまた彼をホメた人間の〝ホメ方〟が間違っているかの3つに1つだと思ってください。

それ以外のごくごく普通の一般男子は、ホメられることが三度の飯よりも、グラビアアイドルのオッパイよりも大好きです。間違いない。

Q　男をホメるとどんな効果があるの？

A　あなたへの評価が**最低でも30％はアップ**します。

支持率アップを狙うなら、とにかく彼らをホメることです。

わたくしごとで恐縮ですが、子どもの頃からホメ上手だったあたしは、祖父や親戚のおじさんたちのアイドルでした。ごくごく小さな世界の鼻ぺちゃアイドルでしたが、それはそれはチヤホヤされ、ありがたがられ、お小遣いやお年玉を荒稼ぎしていたもんです。

〝男なんてラクショー〟と、齢《よわい》九つにして思ってましたよ、いや、マジで。

学生になってからも、OLとして働いていた時も、実力以上の評価をホメテク1つで得ていました。ありがとう、あたし。

「素行は悪いけど、根はすごくイイコ」

「勤怠は最低だけど、根はすごくイイコ」

普通ならば停学処分を食らったり、自主退職を勧められて然《しか》るべきだったあたしは、普段からありとあらゆるホメテクを駆使《くし》していたおかげで、学校や勤め先でもっとも権力を持っているオッサン、もといオジサンにかばわれ、可愛がられ、のらりくらりと生きてきました。

おかげさまで、いまだに人生ナメてます。

「芸は身を助ける」という言葉があります。

ホメゴロシという1つの芸も、当然のようにこの身を守ってくれます。

モテるためのテクニックは、それを使う女の子の容姿に左右されると、一般的には言われています。しかし、ホメテクはそうではありません。年齢や容姿に関係なく誰が使っても、支持率30％アップです。

男は自分を気持ちよくホメてくれる女が好き

これまでにあまりにも多くの男と肉体関係及び、精神的な繋がりを築いてきましたが、やはり、大半の男は自分を気持ちよくホメてくれる女を可愛がったり、好きになったり、手放したくないと思うようです。

あたしたち女も、ホメられることは好きですよね？

あたしはめちゃくちゃ好きです。自他共に認める、ホメられて伸びる女、ハルノレイです。コンニチハ。

だけど、男はその比じゃないほど、ホメられるのが大好きです。

なぜならホメられるというのは、『認められる』とイコールだからです。

他人から否定されて、喜ぶ男は（生粋のM男以外）いません。

M男だって、「よく頑張ったわね」と女王様からのおホメの言葉をいただけば、歓喜して涙を流したり、カウパーを流したり……ってそんな話じゃないんですよ。幼少の頃は何をしても、「おりこうさんでしゅねー」「元気いっぱいでしゅねー」と周囲からホメられていた彼らも、成長と共に〝自分自身〟と〝社会の厳しさ〟を知ってしまいます。

「俺はこんなに頑張っているのに、誰もホメてくれない」

「俺がこんなに努力しているのに、誰も認めてくれない」

そう。彼らは大人になればなるほど、ホメられることを激しく求めます。

女は、女の特権として可愛く甘えて、「ホメ」を求めることができますが、男はそうはいきません。ホメられることに餓《う》えていてもプライドが邪魔をして、「僕をホメてよ」なんて言えないんです。

だから、男は自分を気持ちよくホメてくれる女が好きなんです。

「あなたは素晴らしい」「あなたはステキ」とホメてくれる女に、心（とお財布）を開くんです。

ハア みんな いいコ いいコ。
スゴイですね〜

ホメ言葉だけで、男を酔わせることは可能

言葉には力があります。

ホメ言葉には、相手の心を大きく揺さぶる不思議なパワーがあります。

「君って可愛いね」と言われると、悪い気はしませんよね？

「君って笑った顔がすごく可愛いね」と言われると、ちょっと有頂天になりますよね？

「君の笑った顔ってすごく可愛いけど、でもそれだけじゃなくて、人を優しい気持ちにさせる、不思議な魅力があるよね……見てるとなんか、ホッとするよ」と言われると、コイツ、あたしのこと好きなのか？ と自惚れてしまいませんか？

あたしなら、1300％自惚れます。つーか、自惚れる前に落ちてしまいま

す、恋に。

同じホメ言葉でも、相手の心を動かす〝幅〟が全然違うんです。

ホメ言葉にリアルさを持たせようと思ったら、ホメるだけではチト足りない。

「ホメ」に**「感想」**と**「意味深な間」**を足すんです。

これだけで、30％だった支持率は90％まであがります。

残りの10％は何かというと――それはホメる時の「表情」と、「声のトーン」です。

心からのつぶやきは、決して明るく大きな声ではないはず。

気持ちが思わず口からこぼれ出てしまった――。

という演出をするためには、声のトーンは高くてはいけないのです。

そして大切なのは表情。

「してやったり！」「これで落ちたやろ！」的な〝ドヤ顔〟では、せっかくのホメ言葉も台無しです。

ホメている時は相手の目をジッと見る。

感想を言いながら目線を外したり戻したりして、照れを演出する。

そして「間」から最後にかけて、目元と口元に柔らかな笑みを浮かべて締める。

これができれば無敵です。

こんな風にホメられた男は、すでにあなたの言葉に酔っています。

世の中は、あなたを中心に回り始めると言っても過言ではない。

下心を煽《あお》るボディタッチなんてしなくても、ホメ言葉だけで、男をデロンデロンに泥酔させることは可能。いたって簡単。

Aさんの
メガネの
センスって
……………。
きっ
ステキです。
ざんしん。
*……

ホメたい相手はどっちのタイプ？

細かくタイプ分けをすると、ややこしくなってしまうので、まずは最も簡単な分類方法をご説明いたします。

あなたがホメたい男が、疑いようもないほどに女好きなタイプだとしたら、その彼のことはわかりやすくホメましょう。何度も繰り返し、あらゆる箇所をホメましょう。

2人きりの時も、もちろんホメてください。

大勢といる時は、皆の前で皆の同意を求めながら、オーバーすぎるくらいホメてください。

名づけて、〝**体育会系ボメ**〟。

元気一杯、ポジティブ満開。気合いで乗り切れ、ファイト一発（?）。

普段の声よりも、1オクターブ高いヴォイスで可愛く・激しく・大袈裟に。

ホメられている男が、「もういいってー」と照れ笑ったり、恥ずかしがったりするくらいまでホメることができれば、ひとまず成功です。

お次はこちら。

あなたがホメたい男が、むっつりスケベタイプだったとしたら、その彼のことは、直接的ではなく遠回しにホメましょう。

2人きりの時は、ホメるよりも〝感動〟や〝感心〟を伝えるようにしてください。

「すごーい！　かっこいいー！」と、声を張り上げるのではなく、「こんなことができるなんて……信じられない」という風に、感動するんです。

目を見開き、心から驚き感動したかのように振る舞うんです。

「〇〇君、歌上手なんだね。感動しちゃった」と、感動を言葉に出すのはよろしくない。

それよりも、「今の歌って、なんていうアルバムに入ってるの？」と、〝あなたの歌った唄がすごく良かったから、そのCDを聴いてみたい〟という風にホメるんです。

これが、巷《ちまた》で噂の（？）**遠回しホメ**。

むっつりスケベタイプの男には効果絶大です。

男は総じてプライドが高く、ホメられるのが好きです。

ですが、ホメ方を誤ってしまうと——大失敗を招いてしまいます。

オーバーにホメられるのが好きな男に、遠回しホメを使ってしまうと、ホメの印象が薄くなってしまい、効果が半減します。

逆に、むっつりタイプの男をオーバーにホメてしまうと、「からかわれてるのかな？」「誰にでも言ってるんだろうな」と、こちらも効果が半減してしまう。

よって、男のタイプによってホメ方は変えるようにしてください。

ホメテクの極意 5

目につくもの、耳にしたものはすべてホメる

とは言え、何をどんな風にホメればいいのかわからない人も多いと思います。
まずは目についたモノ、耳にしたモノを1つ残らずホメることから始めましょう。

まつ毛が長い・鼻が高い・（正面はともかく）横顔はイイ――ホメましょう。

ネクタイのセンスがいい・スーツの着こなしがいい・靴のチョイスがいい――ホメましょう。

声がいい・話し方が丁寧・言葉遣いが綺麗・英単語の発音がなかなか――ホメましょう。

年々ホメられる機会が減っていく男たちです。とにかくホメればいいんです。

いい車に乗っている男の助手席に招かれたら、

「わー！　こんなにすごい車に乗るの初めてだから、緊張する」

高級車ではないが、いつもぴかぴかに磨いた車に乗っている男には、

「車を大切にしている男の人って、人のことも大切にするって何かの本で読みました（嘘だけど）」とホメましょう。

車は男のステイタスです。

自然な流れでホメ言葉を使える、便利なアイテムの最たるものですから、遠慮なくホメましょう。ただし絶対に値段は聞かないこと。中古で買ったのか新車で買ったのかも、もちろん聞いてはなりませんし、車のうんちくを垂れるのもオヤメください。

わー
くつぬいで車にのるなんて初めてです〜
車を大切にしてるんですね〜

ホメテクの極意 6

感謝の気持ちはホメ言葉とセットで伝える

これはあたしが得意とするホメテクの1つです。

「ありがとうございました。あなたのおかげで頑張れました。いつも誰よりも、一生懸命に仕事をしているあなたを見ていると、私も頑張らなくちゃって思ったから」

みたいな?

「助けてくれてありがとう。常に冷静で大人の対応ができるあなたを、頼ってばかりで本当にごめんなさい。私はまだまだ未熟なので、いろいろと教えてもらえるとすごく嬉しいです。これからも私の憧れの人でいてください」

みたいな?

なんぼでも出てくるぜ。

感謝ホメのワードが、泉のように湧き出てくるぜ。

こんなあたしを男友だちたちは、

「おまえみたいな女が一番信用ならん」

と、ホメて（？）くれますが、

「でも○○君みたいに頼りになる人が傍にいるから、あたしはノビノビとしてられるんだと思う。○○君、いつもありがとね」

と言うと、まんざらでもない表情を浮かべて、さらなるおねだりというお願いをあっさりと聞き入れてくれたりします。

某市3丁目はあたしを中心に回っている——と錯覚を抱いてしまう瞬間です。

馬の耳にホメ言葉

［意味］他人のホメ言葉なんかで心を動かされそうにない男ほど、ホメましょう。

むっつりスケベタイプに分類した男ほど、ホメてください。

直接的ではなく、遠回しに。**低めのトーンで、つぶやくように**ホメましょう。

例えば、〝むっつり〟に勉強を教えてもらったとします。

「すごい！　こんな難しい問題をサラッと解けるなんて、やっぱり頭いいんだね！」

これはこれで正解です。

ですが相手はいかんせんむっつりですから、以下のようにホメる方が大きな効果が出ます。

「こんなに難しい問題をサラッと解けるなんて……やっぱり頭いいんだなあ

……」

●『間』の2箇所使い（……で示した部分）

●「やっぱり頭いいんだ」の部分を、〝ひとり言〟っぽくつぶやく

むっつりにはむっつり用のホメ言葉を正しく使う。これが成功への近道です。

例えば、むっつりに電話で相談に乗ってもらったとします。

「そっか！　そうだよね！　やっぱ、あなたって頼りになるわー！」

これはこれで正解です。

ですが、いかんせん相手はむっつりスケベです。

「そっか……そんな風に考えたことなかったな……。あなたみたいに広く深く物事を考えられる人に、あたしもなれたらいいな……」

『間』のトリプル使いと、『感心』と『ホメ言葉』の3点攻めで、気持ちよーくなっていただきましょう。

猫にホメ言葉

［意味］自分勝手な猫タイプな男こそ、ホメましょう。

そもそも自分勝手な人に、「自分勝手を控えるよう」お願いをしても意味がありません。

なぜなら、自分勝手な人は自分が自分勝手であることを、理解しているようでしていないから、何をどう直せばいいのかよくわかっていないのです。

まあ、それゆえ自分勝手なんですけど。

って何回自分勝手って書くんだよ、って感じですがまだまだ書くよ。

自分勝手な男はそれゆえに、「文句を言われる」ことが少なくない。

逆に言うと、ホメられる機会はそう多くないわけです。

自分勝手な男に振り回されることを（結果的に）好む女は多いですから、彼らはいつも殿様営業。

彼らのようなタイプをどうホメればいいか、読者の皆さま——。

2分ほどお考えください

「あなたって自分勝手でほんとヤな男だけど、そこが最大の魅力でもあるんだよね。でもやっぱ、ヤな男なんだけど」

ホメ言葉を、否定で挟むんです。

これによりどんな効果が出るのかというと、「おまえ、わかってるじゃん」と彼に思わせることができるんです。

基本スタイルが殿様営業ですから、むかつくほどに上から目線なのは甘受《かんじゅ》するとして、「自分をわかってくれる相手には、さすがの殿様も心を開き始める」という利点に重きを置いてください。

心を開いてしまった相手の言うことは、自分勝手な男も徐々に聞き入れるようになってきます。

自分勝手なのは変わらないけれど、心を開いてしまった相手の言うことだけは素直に聞くようになってくるんです。

その昔、父に言ったことがあります。

「パパの枕ってすごく臭い。だけど、その匂いを嗅ぐとなんでかすごく安心する。すごく臭いのになんでだろう」

翌朝――あたしの枕元には、ン万円の入った茶封筒が置かれてありました。

甘い、甘すぎるぜ！　パパン！　でもありがとう。バンザイ、パパン！　大好き、パパン！

仏の顔も三度ボメ

［意味］最低でも3回（3種類）、続けざまにホメましょう。

『畳み掛けるようにホメる』

これはあたしが最も得意とするホメ方かもしれません。

畳み掛けるの意味を辞書で調べると——相手に余裕を与えないように、続けざまに働きかける。

と記されてあります。そうなんです、3種類のホメ言葉を3回重ねて言うんです。

それは例えばこんな風に。

女「山本さんって、ほんとに優しいですよね」

男「そんなことないよー」
女「ううん。皆言ってますよ？　山本さんは優しいだけじゃなく、紳士的だって」
男「えー？　そうかなあ」
女「それに仕事だってすごくできるし……。なんか……羨ましいな」

『優しい』『紳士的』『仕事ができる』の3種類のホメ言葉を、立て続けに使ってます。それに『間』と、心の声っぽいつぶやき（この場合だと〝羨ましいな〟がそれにあたります）を加えているので、「お世辞かなあ。でも本心っぽいもんなあ……」と思わせることができるわけです。
ちなみにこのホメテクは、ウザい女の先輩なんかにも使えるので、とてもオススメです。
それは例えばこんな風に。

女「先輩ってすごくモテるんじゃないですか？」

先輩「えー？　何よ急に！」
女「だって、私たち女から見てもほんっとにキレイだなーって思うくらいですもん」
先輩「そんなことないわよー」
女「私すごく子どもっぽいから、先輩みたいにしっとりした大人の女の人って……やっぱりすごく憧れます」

はい、一丁上がり。

『すごくモテる』『ほんっとにキレイ』『しっとりした大人の女の人』の3種類のホメ言葉を畳み掛けるように使って、お局《つぼね》さんには気持ちよくなっていただきましょう。

ちなみに『ほんとにキレイ』ではなく、『ほんっとにキレイ』と言ってください。間に小さな〝っ〟を入れるという小細工を使うと、**リアルっぽさが出ます**のでね。

地獄の沙汰《さた》もホメ次第

【意味】ホメ言葉1つで、この世の男はどうにでもできる。


美人は得です、いや、ほんとに。

彼女たちがどれくらい得をしてるかというと、それはそれはニクタラシーほど！

しかしながら、神さまは時に平等です。

残念ながらノット美人として生まれてしまったあたしや仲間たち（？）にも、「愛嬌」と「ホメ言葉」という武器を使いさえすれば、本来ならば美人だけが得ることのできるオイシイ思いを、味わわせてくれるんです。

ホメない美人と、ホメるノット美人が、ホメ言葉と愛嬌さえ使えば同じ土俵に立てるわけです。

よって、ホメなきゃ損。

あたしは、女はたくさん得をしてできるだけ多くのラッキーを手に入れて、歳を重ねていった方がイイと思っています。じゃなきゃ、ヒネくれたババアになってしまうから。

『若くて可愛い女だけが得をする』――間違ってはいないと思います。でも、若くなくても可愛くなくても、愛嬌とホメ言葉を武器にさえできれば、ある程度の年齢まではオイシイ思いができます。これは事実です。何度も書いていますが、男はあたしたち女が思っている以上に、ホメられるのが大好きです。自分をホメちぎってくれる女のことを、ゾンザイに扱うはずがないんです。

そりゃそうです。

だって、彼らはもっともっとホメてほしいと思っているんだから。

ホメない美人と、ホメるのが上手なノット美人。はじめに飛ぶように売れるのは前者だとしても、長い目で見た時に得をするのは後者です。

詳しくは書きませんが、あたしはその例をたくさん見てきました。だからホメましょう。とにもかくにもホメましょう。ホメて世の中渡りましょう。

事実は小説よりもホメなり

［意味］素晴らしい小説を読むよりも、素晴らしいホメ言葉のバリエーションをたくさん持っている方が、現実社会では役に立つ。

ホメ言葉のバリエーションはできるだけ多く持っている方がいいと思います。「すごい！」「こんなの初めて！」。これらは確かに男ウケのいい言葉ですが、これの使いまわしは、言う方も聞く方も飽きてしまう。

何にでも「すごい！　すごい！」と反応する女は確かに可愛いですが――ホメられ慣れている〝賢い男〟むっつり系にはチト弱いんです。リアルっぽさを付け加えなければ、ただの『マニュアル通りホメ』になってしまう。「すごい！」の一言よりも、何がどうすごくて、どのくらい感動しているかを伝える方がリアルさは増します。

例えば、高級・高層レストランに連れて行ってもらったとしましょう。

「すごーい！　こんな所で食事するの初めて！」

これはこれでいいんです。男はとりあえず、ニマニマするでしょう。

「すごーい！　東京の街が見下ろせる！　わー、ちょっと偉くなった気がする……嬉しいなあ。うふふ」

この方がリアルっぽくありませんか？　心から喜んでるっぽく感じませんか？

「わー、ちょっと偉くなった気がする」というフレーズは、一見ホメ言葉とは違うように見えますよね。

だけど、このフレーズが「すごーい！」というホメ言葉に彩りを持たせてくれるので、結果としてこれもホメ言葉の1つになるわけです。

例えば、旦那さんが珍しくちょこっとお洒落をしたとしましょう。

「どうしたの？　すごく似合ってるじゃん！」

これはこれでいいと思います。旦那さんは、満更でもない表情を浮かべるでしょう。

「どうしたのー?!　すっごく似合ってるじゃん！　なんかあの人みたいだよ?
ほら、若い女の子に最近すごく人気の俳優……アレアレ、あの人よ！　ホレ！
あー名前忘れちゃった……」

で結局、誰のことなんだよ。

「若い女の子に最近人気の俳優」このフレーズが、「すごく似合ってる」というホメ言葉に彩りとリアルっぽさを足してくれるんです。男は単純キュートです。「若い女の子に人気の俳優＝イケメン＝ハンサムに決まってる」という図式が頭の中で瞬時にでき上がります。

「福山雅治っぽいじゃん！」だと、明らかにウソなのがバレバレです。

「佐藤浩市っぽくて渋いじゃん！」だと、謝罪を要求(?)されてしまいそうです。

同じ嘘なら、「あの俳優よ！　アレ、ホレ、あの人！　あのカッコイイ人！」と、指示代名詞のオンパレードで、お茶を濁す方が世界と家庭に平和をもたらします。

すごい すご〜い
アレみたい〜
ホラアレに
でてた
あの人よー
アレの人ーー
?

人の噂もホメ言葉

［意味］あなたが彼をホメている、という噂を流しましょう。

直接ホメるよりも時に大きな効果を発揮するのが、この〝噂〟を使ったホメテクです。

「あの子が、池田君のことをステキだって言ってたわよ」

「ハルノちゃんが、池田君のことを頭が良くて器が大きいって言ってたよ」

これねえ……結構〝キク〟んですよ、ほんと。

それに意中の彼と仲の良い人に、「池田君はステキだ」と言うだけですむのでお手軽だし、効果は大きいし、すっごくすっごくオススメです。

ちなみに、これはマメ知識ですが――。

『器が大きい』というのは、男にとってはかなり嬉しいホメ言葉のようです。

ただし女の子から直接言われるよりも、『器が大きいってあの子が言ってたよ』と、間接的に言われる方が、どうやら嬉しさは倍増するようです。

「隣の隣の家の裏の左隣の奥さんが、あなたのことを、頼りがいがありそうで素敵な旦那さまだと言ってたわよ。なんか私まで嬉しくなっちゃった！」

「アノ子が、〝パパって他の子のお父さんよりもカッコイイよね〟って言ってたわよ。アノ子も私に似て、男を見る目があるみたいね。うふふ」

こんな感じで使えば、家庭円満、家内安全、商売繁盛で笹持って来い！　です。

四十にしてホメ言葉

［意味］40歳を過ぎたオヤジにこそ、ホメテクを使いましょう。

加齢臭を全身から発し、額《ひたい》が後退し、背あぶらたっぷり、耳毛ボーボー。ホメるところが加速的に減っている、そんな40歳を過ぎたオヤジこそホメましょう。

ただし間違ったホメ方をしたり、過剰にホメすぎるとオヤジたちは、よからぬ期待に胸を躍らせてしまいます。

「彼女はもしかして、オ、オ、俺サマと不倫がしたいのでは？」――違う違う、勘違いすんなクソオヤジ。

そんなややこしいことにならないように、40歳以上のオヤジは**清く正しくホメましょう。**

「酒井係長って、いつも素敵なネクタイをしてらっしゃいますけど、やっぱり奥さまのセンスなんですか？　すごく似合ってますもんね」

「温水課長の息子さんって、課長に似てるって聞きましたけど、だとしたら将来安泰ですね。優しいし、仕事はできるし、素敵な奥さまはいらっしゃるし」
※夜のお仕事などで、オヤジを相手にする場合は別です。
過度な期待を持たせぬよう上司をホメるには、家族を巻き込むのが得策です。

「西田先生って、本当は何歳なんですか？　34歳くらいじゃない？　って、皆で話してたんですけど」

と、明らかに45歳は過ぎているであろう、メタボな西田先生に言ってみよう。

いいの、いいの。

どこからどうみてもオッサン臭い先生のことも、たまには白々しくホメてあげましょう。

「私、年上の男の人って苦手だと思ってきたんですけど……。木下さん（52歳）といるとすごく安心するっていうか、素直になれるっていうか……」

よからぬ期待を抱かせたいオヤジには、このくらいのホメ言葉からやんわり攻めていくことをオススメします。

もちろん、切なげな表情＋低めのトーンで〝胸の内〟見せるような感じでGO！

Lesson 2
実践編

たったこれだけで
好感度
あがりまくり

男が落ち込んでいる時にかける、ホメ言葉

あたしのこれまでの経験上、「私に何かできることがあったら、遠慮なく言ってください」系の言葉が、最も相手の**重荷**にならず素直に受け入れられたのではないかな？　と思います。

これにホメ言葉を足して、アレンジしていく。

相手が父親の場合

「お父さんはいつも家族のために頑張ってくれてるから、頼りにならないかもしれないけど……私にできることがあったら遠慮なく言ってね。頑張ってるお父さん、カッコイイよ」

★ ホメフレーズはコレ → 頑張ってるお父さん、カッコイイよ

カッコよくないお父さんでも、たまにはね。5年に1度くらいはね。最愛の娘からこんな風に言われて、大喜びしない父親はいませんよ。

相手が旦那さん　彼氏の場合

「私じゃ頼りにならないかもしれないけど……愚痴を聞くくらいはできるから。あなたが誰よりも努力してる（頑張ってる）こと、私がいちばん知ってるから」

★ホメフレーズはコレ→あなたが誰よりも努力してること

〝私だけはあなたの味方である〟ということを、押し付けがましくならないように伝えることが大切です。

最も身近な人にこんな風に言われて、ジワッとこない男はいませんよ。

相手が意中の彼　男友だちの場合

「あなたの自分に厳しいところ、すごくカッコイイと思う。私じゃ頼りにならないかもしれないけど、たまには頼ってほしいなーって」

★ホメフレーズはコレ→あなたの自分に厳しいところ、すごくカッコイイと思う

恋人関係ではない相手に言うのなら、このくらいがちょうどイイと思います。重すぎず、かといって軽すぎず、あなたの優しさをダイレクトに伝えられますから。

「頑張って」という励ましは、とてもステキな言葉だとは思いますが、あたしは頑張っている人に「頑張って」と声をかけるのがあまり好きではないので、家族以外には極力その言葉を使わないようにしています。

「頑張って」「負けないで」と言いたいところを、ホメ言葉にチェンジするだけで、〝押し付けがましい励まし〟にならずに済むのでは？　と思っています。

また、照れくさければ、メールにして送ってもいいと思います。

カワイイです!!
努力してるその姿…

男がイキイキとしている時にかける、ホメ言葉

相手が父親の場合

「お父さん、なんか最近カッコイイんだけど……なんかイイことあった?」

★ホメフレーズはコレ→なんか最近カッコイイんだけど……

お父さんに向かって、「カッコイイんだけど」なんて言うのは恥ずかしいかもしれませんが、カッコイイなんて久しく言われてないであろうお父さんのことも、たまにはホメてあげましょう。

相手が旦那さん　彼氏の場合

「なんか最近、顔つきが変わったね。なんかちょっと……カッコよくなった

……？」

★ホメフレーズはコレ↓なんかちょっと……カッコよくなった……？

長年連れ添った旦那さんや、付き合って長い（短くてもＯＫ）彼氏に、改まって「カッコイイ」と言うのは恥ずかしいかもしれません。

だから、「カッコよくなった……？」と、「照れ」と「ホメ」と「疑問風」をブレンドさせて3で割ったような感じ（どんな感じだよ）で、サラッと言うのがオススメです。

相手が意中の彼　男友だちの場合

「最近ちょっと痩せた？　なんか前よりすごくすっきりしたし、○○君カッコよくなった！　って皆、噂してる。それにしても……ほんと、カッコよくなったっていうか、なんかすごく……」

★ホメフレーズはコレ↓ほんと、カッコよくなったっていうか、なんかすごく……

「なんかすごく……」ってなんなんだよ！　と、相手に思わせる（言わせる）

のが目的というわけではないんですが、「なんかすごく……」で止めることによって、ホメフレーズが〝意味深〟なモノになります。

これら3つの例に出したセリフの共通点、読者の皆さまはおわかりでしょうか？

そう！　そうなんです。すべてのセリフの中に、**「なんか」**というフレーズを入れています。

「なんか」を入れることによって、お世辞ではなく、本当にそう思ってる、そう感じているっぽさを出しているんです。

照れくさいならこちらのホメフレーズも、メールにして送ってみてはどーでしょー。

ぜひともお使いくださいませ。なんか……オススメです。

男が怒っている時にかける、ホメ言葉

怒っている相手にホメ言葉なんて……と思われるかもしれませんが、相手がカッカカッカしている時だからこそ、効果を発揮するホメフレーズがこの世には存在するんです。

例えば、あなたが後輩の不真面目な仕事ぶりに対して、めちゃくちゃ怒っているとしましょう。

そんな時に、意中の彼からこんな風に言われたら？

「意外だな。君ってもっと、いい加減って言ったら言葉が悪いけど、今時の女の子と同じで楽しければそれでいい、みたいに思ってる子だと思ってたけど、違うんだね。なんか……意外な一面を見られてすげー嬉しい。真面目なイイコなんだなーって、ちょっと安心したよ」

あたしなら、素の感情をむき出しで怒っていた分、一瞬にして黙り＋照れてしまう。

だって、怒ってるのにホメられるねんでー？　それこそちょっと意外じゃないすか？

怒ってる姿を見て、「すげー嬉しい」ですよ？　怒ってる姿を見て、「真面目なイイコ」で「安心したよ」ですよ？

マジかいな！　あんたあたしに惚れてるね？　と自惚れてしまう。

相手が怒っている時にホメ言葉を言うのは、正直、ちょっと難しいかもしれません。

でもだからこそ、その分効果が大きいわけですねぇ。

「あなたっていつもニコニコしてて優しいから、初めて素の部分を見られた気がして、なんか……ちょっと嬉しいな。怒ってるのに嬉しいなんて、変かもしれないけど……」

★ホメフレーズはコレ→あなたっていつもニコニコしてて優しいから

「私のことをこんな風に真面目に怒ってくれる人、あなたが初めてだから、怒られてるのになんかすごく嬉しい。あなたみたいな人と付き合えて、ほんと良かった」

★ホメフレーズはコレ→あなたみたいな人と付き合えて

彼が私以外の何かに（誰かに）対して怒っている時にも、私に対して怒っている時でも、ホメ言葉を入れさえすれば、彼は一瞬〝素〟に戻ります。

火に油を注ぐのではなく、火に消火器の白いヤツを降りかけるような気持ちで、冷静に、鎮静させるために、賢くホメフレーズを使いましょう。

男が人の悪口を言っている時にかける、ホメ言葉

それがたとえ、恋人であろうと父親であろうと、好きな男が人の悪口を言っているのを聞く・見るのはちょっと……セツナイもんです。だからできれば、できるだけ早く、悪口をストップさせたい。

「友だちの悪口を言うなんてサイテー!」

確かに正論。確かに最低なんです。だけど、こんな風に言ってしまうと彼ら男は、〝愚痴〟すら言えなくなってしまう。愚痴と悪口はある意味、ワンセットですからねえ。

ではどのようにすればいいか?

はい、こういう時こそホメ言葉を使うんです。

ここで大切なポイントを1つ。

彼らが悪口を言っている時は、とりあえず黙って聞いておきましょう。適度に頷いたり、一緒になって顔をしかめたりして、彼らの中にたまっている〝膿〟を全部吐き出させること。そうしなければ、ホメ言葉の効果は半減してしまいます。

悪口の対象が上司だった場合

「そんなヤな上司の下で、毎日真面目に仕事をしてるあなたって、人間ができてるっていうか……尊敬しちゃうな。あたしなら、会社辞めちゃうかもしれないもん」

★ホメフレーズはコレ → 人間ができてるっていうか……尊敬しちゃう

「人間ができてないから人の悪口を言うんでしょ?」ってな声が、遠くの方から聞こえてくるような気もしますが、それはそれ。仙人でもない限り(?)、人は多かれ少なかれ悪口という毒を出して、生きてます。

悪口の対象が彼の男友だちだった場合

「でも○○君は、あなたのことすごく好きみたいだね。あいつくらい器の大きな優しいヤツはいない、って前に言ってたよ」

★ホメフレーズはコレ→あいつくらい器の大きな優しいヤツはいない

悪口の対象が彼の男友だちだった場合、あなたはあなたの言葉で彼をホメるのではなく、〝○○君が言ってた〟という風にホメるのが最も良い方法なんです。こうすることによって、あなたの株は直接にはあがりませんが、彼の○○君に対する〝悪口テンション〟は確実にさがります。

実際に○○君が「あいつ、器デケー」なんて言ってなくてもいいんです。ウソも方便なんです。

ちなみに――「確かにあなたって、器大きいもんね。面倒見、すごくいいし」なんてセリフを付け足すと、あなたの株もあがります。ま……あたしは、友だちの悪口を言ってる男の器が大きいなんて、死んでも思いませんが、こちらもウソも方便ってことで。

悪口の対象が、会社や日本などスケールが大きい場合

日本が悪い・世の中が悪いとウッダウダ言ってる男は大嫌いですが、それはさておき。

案外多いんですよねぇ、自分のできなささ・足りなさには目をつぶって、シノゴノ言ってる男って。

「なんもできねーヤツがウダウダ言ってんじゃねーよ。つーか、オメーダリィーんだよ」

と、1ミクロンもホメずに言ってやりたいけれど、それじゃ話が進みませんので。

ではホメましょう。こんな男でもとりあえずはホメましょう。

・日本批判バージョン

「日本で暮らす人たちが全員、あなたみたいに世の中のことを真面目に考えていたら、この国はもっと良くなるはずなのに……ね？」

★ホメフレーズはコレ → あなたみたいに世の中のことを真面目に考えていたら

・会社批判バージョン

「会社の人たちが全員、あなたみたいに真剣に仕事のあり方や、会社の将来を真面目に考えていたら、もっともっとイイ会社になるはずなのに……なんか悔しいね」

★ホメフレーズはコレ → あなたみたいに真剣に仕事のあり方や、会社の将来を真面目に考えていたら

ま、こんなもんですか。

大切なのは『ホメ』＋『同調』のあわせ技を使うこと。

日本批判バージョンでの同調は、最後の「……ね？」です。

会社批判バージョンでの同調は、「……なんか悔しいね」です。

なにが悔しいんだか、サッパリわかりませんが、これだけで男は満足してくれますから、安いもんです。

ホメたくなくても、ホメるところがまったく見当たらなくても、あたしはこんな風に言ってました。心の中では、「バーカ！　早漏！」と思っていたとしても……ね？

ホメていい時、悪い時

ホメていい時の王様は、彼（父親、兄弟、男友だちなども含む）を人に紹介する時です。

「わたしにはもったいないくらい、よくできた人で」という類のホメ方が、もっともスマートじゃないかと、あたしの経験が言っております。

あまりにもホメすぎてしまうと、彼は「嬉しいけれど恥ずかしい」になってしまうので、シンプルスマートにホメるのがオススメです。またこのようにホメると、あなたの株もあがりますし、彼だって嬉しい。誰も損しないんです。

ただしホメすぎて、〝ノロケ〟になってしまうのは少々危険です。あなたと彼以外の第三者がいることをお忘れなく。他人のノロケ話を、熱烈大歓迎する人はあまり多くないのでねっ。

ホメて悪い時の王様は、「彼の上司や両親のいる前」です。

基本的に、いつでもどこでも誰の前でも、彼のことはホメていいんです。

悪いことはナイんです。ただ、「彼の上司」や「彼の両親」の前では、注意していただきたい。

なぜかというと——彼の上司や両親たちは、あなたがホメ上手かどうかなんて見てないんです。彼らが評価するのはそこじゃないんです。控えめで、彼を立てる、彼を支えるに相応しい女かどうか。これだけを見ていると言っても過言ではないからです。

ホメ上手な女に対する、彼の上司や両親の気持ちは、

「お世辞を言って、上手いこと言って、自分をよく見せようと思ってる」

だと思ってください。

自分の部下や、自分の息子を目の前でホメられて、確かに悪い気はしないでしょう。

でも、最高の評価を得られるとは限らないんです。どっちかつーと、リスキ

ーなんです。

もちろん、ケナスなんてもってのほかです。

ではどのように彼をホメれば良いのかというと……。

「彼を知るにつれ、きっと素晴らしいご両親に愛され、育てられてきたんだろうなあと思っていました」とか、「仕事の楽しさを話してくれる彼を見ていると、きっと素晴らしい上司の方の下で働いているんだろうなあと、羨ましく思っていました」

など、**彼をホメているように見せかけて、両親や上司をホメるんです。**

言うなれば彼はオトリ。エサ。彼というエサを蒔いて、大物を釣り上げる。

これぞ、ホメテクの真髄。

こんなステキな彼…
きっとすばらしい
ご両親に
育てられたのでしょうね〜

キーワードを入れる位置を変えてみましょう

「やっぱり頭いいね」――キーワードは「やっぱり」

「ほんとすごいよね」――キーワードは「ほんと」

「昔からすっごくモテたでしょ」――キーワードは「すっごく」

「私も池上さんみたいになりたいな」――キーワードは「私も」

「すごーい！　こんな車、初めて見た」――キーワードは「すごーい！」

ちょっとしたコツなんですけど、キーワードをどこに持ってくるかで、相手に与える印象はビミョーに変わります。

「頭いいね……やっぱり」
「すごいよね……ほんと」
「すっごくモテたでしょ……昔から」
「池上さんみたいになりたいな……私も」
「こんな車、初めて見た……すごーい……」

ホメてる内容は同じでも、**キーワードを最後に持ってくる**だけで、ただのホメ言葉に本音っぽさ、リアルっぽさがプラスされます。「……」で示した部分には、とうぜん『間』を入れるようにしてください。

いちばん伝えたいホメフレーズは、『間』を挟んで最後に持ってくる法則。

ほんとすっごく簡単ですが、効果のほどは——使ってみればわかります。超オススメ！

物ボメをして好感度アップ

「かわいー！」「プチプラだし可愛いから」みたいなノリで、お買い物をしている男を、あたしはこれまでに見たことがありません。

あらかじめ欲しい物を決めていてサラッと買うか、それとも悩みに悩んで、そのうえでまた悩んで、じっくりと（悩みを）熟成させてコトコト煮込んで（？）買う。だいたいはこのいずれかのタイプじゃないかなーと。もちろん例外もあるでしょうけれど。時計・車・雑貨・デジタル系の小物・靴・アクセサリー。

彼らが悩みに悩んで購入した一点一点を、とにかくホメましょう。ただし注意すべきは、白々しくならないようにすることと、他人と比較しないこと。

例えば、どう見てもロレックスとわかる時計を指して「ステキな時計ですねえ！　それどこのですか？」ってのは、軽く白々しい。「ロレックスだよ」

なんて、男にゼッタイ言わせちゃいけません。かわいそうです。

同じロレックスの時計をホメるならば、

「青井さんって、時計とか小物とかにすごくこだわりがありそうですよね。そういうセンスって、どこで磨くんですか？」くらいがベターです。

ハイブランドの物だからホメるってのは、ダメです。

確かに世の中には、「俺は金持ち自慢」をしたがる男も大勢いますが、成金には成金用のホメ方があるので、それに関してはまたいずれ。

あくまでもセンスをホメる。

「それをチョイスしたあなたがすごい」とホメるんです。

で、もしも彼らが持っている小物をあなたが気に入り購入したならば、

「横山さんの持ってた○○が、すごくステキだったから私も買っちゃいました」

と、〝買っちゃった〟という事実で、彼のセンスをホメるんです。

これは、喜びますよー。好感度ばりばりアップですよー。

あたしがよくやった手ですよー。よってめっちゃオススメです。

趣味ボメをしてスキルアップ

外見的に特にホメるところが見当たらない人には、趣味をホメてみてはいかがでしょうか。彼自身と彼の趣味に、まったく興味がなくても、興味があるふりをしてとりあえず質問をしてみる。

ゴルフ・釣り・サーフィン・ドライブ・オークション・株・グルメ。海外（国内）旅行・ボランティア・意外なところでカフェめぐり、など。もちろん彼らの趣味はこれらに限らず、もっとマニアックなものもあるでしょう。女がチュドーンと引いてしまうような、ステキ（？）な趣味をお持ちの男も、多いでしょう。

が、それはそれ。本当の目的は、あなたが〝知識〟を豊富にすること。あなたをレベルアップするのが、目的なんです。

あたしは、人生は、「知らないより知ってる人が、絶対に得をするもの」だと思っています。

もっとわかりやすく言いましょう。

『今の日本。知らない人は、知っている人より損をする仕組みになっている』

お金儲け、就職・転職のしやすさ、恋愛事情も当然、知らない人が損をする。

だから、知っている人から知識をいただくんです。

男はプライドが高く見栄っ張り。

「教えてほしい」とお願いされるのは、好きです。

それに加えて、ホメられるのはもっともっと好き。大好き。

だから、男の好きなこの2つを合わせて、彼らから情報を得るんです。

自分のために――得た知識を、他の大勢の恋愛対象の男に向けて使うために。

「土田さんって、旅行に〝すっごく〟詳しいって聞いたんですけど、国内旅行で、オイシイお刺身が食べたい時は、どこがオススメですか?」

「内山さんって、〝頭が良くて〟株に〝すっごく〟詳しいって聞いたんですけど、私みたいな初心者は、やっぱり株はヤメておいた方がいいと思いますか？」

★質問する時にも、軽くホメておくことを忘れずに。

★教えていただいたら、感謝とホメることを忘れずに。

世の中の多くの男と話を合わせるため、また、「この娘、女の子なのに話がわかるな。もっと話したいな」と思わせるためには、その他大勢のライバルよりも抜きん出た、〝何か〟を持っていた方が断然得なんです。

美貌《びぼう》しかり、若さしかり、多くの男が好みそうな情報しかり。

多くの男が好みそうな情報は、多くの男から得る——これが最善にして最高の近道なんです。だから、彼らの趣味をホメてください。

情報だけでなく、その他あらゆる面で思ってもなかったラッキーが、転がり込むこともあります。

そのラッキーがなんなのかは、ご自身でお確かめくださいませ。

陰ボメをして恋愛運アップ

こちらは簡単ですね。直接ホメるのではなく、陰でホメるという意味です。

「西園寺ちゃんが、ハルノさんのこと、（年齢の割りには）肌がキレイって言ってたよ」

と、仮に、かーりーにー、言われたとしましょう。同僚の藤谷さんを通じて、言われたとしましょう。

あたしは、あたしはきっと、あたしは間違いなく、小さくガッツポーズをした後、お手洗いにこもり、手鏡で肌をチェックしまくることでしょう。

そしてきっとこう思うはずだ。

「西園寺って、ヤなやつだと思ってたけど、イイヤツじゃーん」

人間なんてこんなもんです。単純にできています。

だけど、もしこれが、西園寺ちゃんに直接言われていたとしたら？

あんまり好きじゃないと思っていた西園寺ちゃんに、「ハルノさんって、（年齢の割りに）肌キレイですよね」と言われたとしたら？

嬉しい。嬉しいけれど、ビミョー。なぜ、ホメられたのにビミョーなのか？

答えは簡単。あたしが、西園寺ちゃんをあまり好きではないからだ。

「何かウラがあるのでは？」「なんで急にお世辞？」などと、疑ってしまったりするからだ。

その点、**陰ボメは無条件で嬉しい。**

わざわざあたしの〝いないところで〟、あたしの悪口を言ったっていいようなところで、あたしのことをホメるだなんて——これは絶対にお世辞なんかじゃないはず！　だって、その場にあたしはいなかったんだもの！

という、脳内自動変換が出来上がるわけです。

直接ホメることに加えて、陰でホメることも忘れない。

直接ホメるのは恥ずかしいから、陰でホメることにする。

どちらでもいいんです。

「あの娘があんたのこと、ステキだってホメてたよ」と、彼に伝わればそれでいいんですから。

あ、そうそう。

この陰ボメは、性格とお肌が曲がりに曲がったババア――もとい、お歳を召されたオネイサマたちにも効き目があります。要は、男女を問わず、〝意外〟に内面はピュア（素直）な人に、かなり使えるホメテクだということです。

お父さんに、「お母さんが言ってたよ。パパは若い頃、女の子たちの憧れの的だったのよって。今でもカッコイイけど、昔はもっとステキだったんだから、だって！　あ、お母さんにはあたしから聞いたって言わないでよ？」

――実際にはママは、こんな陰ボメなどしていない。

それでもいいんです。ウソも方便。これで夫婦円満、臨時のお小遣いがゲットできるなら。

ホメテクの法則 6

ささやきボメで印象アップ

こちらは簡単。

〝ギリギリ〟聞こえるようにささやくんです。つぶやくんです。

——言うのではなく、ささやく、つぶやく。

うっかり胸の内が漏れちゃった……そんな感じでつぶやく、ささやく。

こちらはむっつりタイプに、特にオススメのホメ方です。

例えば、意中の男の子を交えてのカラオケ。

隣に座っている彼が（下手なりに）バラードを熱唱しているとしましょう。

1番と2番の間奏の間に、ギリギリ聞こえるようにささやくんです。

「めっちゃ優しい声……」

もちろん、「うまーい！」「甘ーい！（古ーい？）」と絶賛するのも悪くないです。でもこれだと、その場のノリでホメてくれてる感がある。だけど、ギリギリ聞こえてきた、「めっちゃ優しい声……」には本気でそう思っているっぽさがあるんです。

そう、そうなんです！

ささやきボメは、「本気でそう思ってる」。だから、「思わず言葉が口から出ちゃった」って感じを演出できるんです。

これは、むっつりタイプにはめちゃめちゃ効果があります。

ホメられることに慣れていない男、ホメられたいけどシャイな男には、このささやきボメがもっとも効きます。

聞こえるか、聞こえないかギリギリのところ。

でも、絶対に聞こえるであろうボリュームで、ささやく。

「やっぱりカッコイイな」

「なんでこんなに面白いんだろ」

「頭いいなー」

なんでもいいんです。ホメフレーズを、ささやくだけ。

ただし！　これだけは注意してください。

ささやきボメは、できるだけ〝**短い感想**〟にまとめること。

いかんせん、聞こえるか聞こえないか、ギリギリのボリュームですから。

長いセリフだと、聞き取られづらくなってしまいます。だから、あくまでも
短いセリフで、よろしくどーぞ。

頭髪はホメるな

25歳を過ぎた男の頭髪には、あまり触れない方がイイの法則。

この場合の「触れる」は、手で触れるという意味ではなく、話題にする・ホメる対象にするという意味ですので、お間違いなきようお願いいたします。

〝早い男〟なら25歳を境に、額が広くなったり、テカったり、毛髪に元気がなくなってきたり——さまざまな症状が表れ始めます。あたしたち女が思っているよりも、彼ら男の、自らのヤバくなってきた頭髪に対しての思いは、海よりも深いのです。

例えば、こんなホメゼリフ。

「すごいカッコイイボリューム！　どうやってセットしてるんですか？　私、不器用だから教えてほしいな」

カッコイイボリュームってどんなんだよ！　という激しいツッコミはスルー

するとして、ここらへんもビミョーに危険です。なぜならば、彼はハゲもとい、薄毛隠しのためにボリューミーなヘアスタイルをしているのかもしれません。そこらへんの男心と生え際具合はわかりません。よって、ホメないのがイチバンなのです。

例えば、こんなホメゼリフ。

「私、長髪の男の人って嫌いなんです。だから安部さんのスキンヘッド、すごくカッコイイと思う!」

安部さんが、好き好んでスキンヘッドにしているとは限りません。本当は長髪にしたいのに、さまざまな毛事情・地肌事情によって、泣く泣くスキンヘッドにしているのかもしれません。よって、ホメないのがイチバンなのです。

つーか、そこには触れないのがイチバンなのです。

オデコから上は男の聖域。サンクチュアリ。

触れない、さわらない、視線をやらない。↑?

これが世界平和をもたらします。彼らの地雷は、眉毛《まゆげ》より上にある。

だから頭髪以外をホメましょう。

ホメるところが見当たらなくても、ホメましょう。

もちろん、若い男のヘアスタイルなどをホメるのはオッケーです。

5年後ハゲてもそれはそれ。こっちは知ったこっちゃない。

贅肉のないスリムな男には要注意

その昔、あたしが十代の若い頃、モデルの卵をしている男の子と親しくしていたことがあります。

モデルを目指しているだけあって、外見は申し分なかったけれど、いかんせん、細い。細すぎる。

ボクサー体型好きのあたしにとっては、彼は物足りなかったわけです。

服を着ていればサマになるけれど、服を脱いだら……針金とエッチしてるみたいな、そんな感じ。

いちおうお断りしておくと、挿入はしていません。↑誰もそんなこと聞いてません。

もちろん身体は鍛えているし、筋肉もないわけじゃないんだけど、とにかく彼は細すぎた。

そして彼は、どうやっても太ること（肉を付けること）のできない自分の身体を、すごく嫌っていました。

だけど周りの女の子たちは、そんな彼の悩みを知らないから、「細ーい！」「どうすれば、その体型をキープできるんですか？」「無駄な贅肉が少しもなくて、さすがモデル！」などといった風にホメるんです。

そのたびに彼は、心を痛めていました。

太りたくても太れない、いっけん贅沢に思えるようなことで、真剣に悩んでいる人は、男女問わず世の中には意外に多いようです。

だから、スリムな男だからといって、その体型ばかりをホメるのは――少し危険かもしれません。

着こなしのウマいスリムな男には、そのファッションセンスをホメる。

ただただスリムなだけの男には、体型以外でホメるところを見つけましょう。

探しましょう、血眼になって。

あたしの友人に、身長162センチ・体重39キロの女子がいます。彼女は太りたくても太れない体質。

すごくたくさん食べるのに（あたしの2倍は軽く食べる）、身体に肉が付きません。

もちろん、彼女の悩みは自分が細すぎること。太れないこと。

だけど、こういう悩みって人には言いにくい。なぜって？

「いいじゃん、太ってるよりマシじゃん！」って言われるから。

「太ってて悩むならあれだけど、痩せてるのが悩みなんて贅沢だよ！」って言われてきたから。

スリム体型であることを、実は悩んでいる人は意外にいるということ。

もちろん、〝そこ〟をホメてほしいと思っている人も少なくはないでしょうが、「細い！　細い！」とホメちぎるのは、ちょっと考えものですよーと、春乃は思うんですよ。

体毛の薄い男には要注意

ものすごく身近に、体毛のまるでない男が3人います。羨ましいほど無毛な彼ら。毛がない彼らの肌に触れると、ちゅるちゅるして気持ちいい。

ですが、本当にまったく毛のない彼ら——髪、眉毛、まつ毛、股間部少々のみ——は、そんな自分を〝男らしくない〟と言います。

学生の頃から、周りの同性に比べると明らかに体毛の少ない自分を恥ずかしいと思っていたと、彼は言うんです。ほんまかいな！　ごっつ羨ましいねんけど……と思ってたけど、どうやらほんまに恥ずかしいようです。

『体毛が濃いから男らしいとは限らない』とはわかっているんだけれど、『体毛が薄いと男らしくは見えないだろ?』と、彼らは言うんです。

んー。まあ、言いたいことはわからないでもないけど。でもねえ?

「男性ホルモンが少ない＝性欲が弱い＝セックスが下手そう」ってイメージだろ？　と、〝体毛薄いトリオ〟のうちの1人から、真顔で問いつめられたことがあります。

少なくともあたしは、体毛が濃いからセックスが上手そう、薄いからセックスが下手そうなんてイメージで、男を見たことも寝たこともないんやけど、彼らのような「体毛の薄い男たち」は、こっちが思ってるよりも深く、悩んでいるようです。だとしたら体毛の薄い男に対して、その部分をホメるのは、あまりヨロシクナイということになります。

身体のコンプレックスって、他人にはわかりづらいもんね。

こちらにしてみれば、「いいなー。羨ましいなー」って思うパーツを、本人は真剣に悩んでたりするもんね。

ってことで濃くても薄くても、体毛に関しては、あまり触れない（ホメない）方がイイかもしれません。

ヤバボメこれだけはやめろ４

いいひとは禁句

都合のいいひと。

どうでもいいひと。

いいひとなんだけど。

いいひとだとは思うんですけど。

悪い人ではないはずなのに、どちらかと言えば良い人なのに、どうしてだか、恋愛対象外のカテゴリーに入れられてしまう「いいひと」。

あたしの周りにもいます。

皆から「いいひと」と呼ばれながら、恋人いない歴を更新中の男女が、各2人ほど。

すっげーいいひとなんだけどねぇ。

お友だちとしては、最高なんやけどねぇ。

ということで、決して〝ホメワード〟ではない、「いいひと」は気やすく使うべからず。

Lesson 3
応用編

デートで使えば200倍愛される

ホメテク基礎編・実践編とくれば、
お次はやっぱり応用編でございましょう。
応用編の中でもまずは、デートバージョンからまいります。
デートの時に彼を、旦那さまをホメてますか？　ホメ忘れていませんか？
仮にデートと呼ばれるような〝お出かけ〟ではなく、
スーパーへちょっと買出し、散歩がてらにユニクロへ、
スウェットを見に行く程度の「ラフ」なものであったとしても、
そんなの関係ありません。
男と女が一緒にでかけることを、ここではデートと呼びます。
たとえ、真ん中におチビさんがいたとしても。
相手がお父さんであったとしても。それを踏まえて、どーぞどーぞ。

お出かけ着・ホメ

決して・断じて・お世辞にも、オシャレとは呼べないような服装を彼がしていたとしても、まずは、彼が〝自分で〟選んだお出かけ着をホメましょう。

1●まずは彼を見るなり、「おやっ?」という表情を浮かべて、直後に笑顔になってください。

2●彼が「なんだよ」という顔をしたら（しなくても）、

3●「そんな服持ってたっけ?」と、〝さりげな演技〟別名、〝わざとら演技〟で話しかけましょう。

4●彼が「何言ってんだよ、昔から着てるだろ」とか、「おまえが買ってくれたやつじゃん」などと言ってきたら、すかさず、

5●「なんか……すごくカッコイイなって思ったから、新しい服、買ったのかな？　って」とか、「なんか……すごく似合ってるから、ビックリしちゃった」など、〝とぼけた感じ〟でホメてください。

たったこれだけのことで、直後のデートどころか、今後のデートまで変わります、マジで変わっちゃうんです。

男はあなたが思っている以上に、良い意味で（も、悪い意味でも）単純です。

あたしはこの〈お出かけ着・ホメ〉を大昔から父を、弟を、そしてなにより、歴代の男を相手に繰り返してきました。

ホメられた時に彼らがとる態度はそれぞれです。

「ふふん！」みたいな満足げな顔をする男もいれば、ニヤニヤを必死で隠したつもりの〝すまし顔〟をしている男もいるし、「ホメたって何も出ませんよ」などと、憎らしいことを言いながら〝満更でもない〟表情を浮べている男もいる。

他にも「何言ってんだよ、早く行くぞ！」と照れ隠しに語気を強める男など、タイプは本当にそれぞれですが、彼らが内心喜んでいるのは確実です。

デートの前のエチケット。

〈お出かけ着・ホメ〉をどうぞよろしく。めっちゃオススメです！

後姿・ホメ

決して・断じて・お世辞にも、脚長とは言えないような彼や旦那さまでも、せっかくですからデートの時くらいは、ホメてあげましょう。後姿を――。

毎回デートのたびに「仲良く腕組み」「がっしり手つなぎ」をしているあなたも、「もう……そんなラブラブな時期は過ぎたのよ……」なあなたにも、後姿・ホメはオススメです。

1●まずは「ねえねえ、ちょっと後ろからあなたのこと見てたんだけど」と軽く話しかけましょう。

2●仮に彼が「なんだよ、急に……」と、甘くない口調で言ってきたとしても、そんなの関係ねー（古い）。

3●〃さりげな演技〃で、「あなたって、脚、長いんだね。ちょっとビックリしちゃった」とか、「あなたのお尻って、キュッとあがってて、ちょっと外国人みたいでセクシーかもって思っちゃった」とか、〝適当なこと〟を言いましょう。

これだけでオッケーです。

あたしのこれまでの経験上、ガリガリに痩せた男は口にこそ出さなかったけれど、自分のその「貧相な身体」にコンプレックスを持っているようでした。

また、クラブ活動などで野球などをしていた経験のある男は、自分のその「やや大きなお尻」をさして、「俺……ちょっとお尻でかいからなー」なんてつぶやいておりました。

これはあたしだけかもしれませんが、「自分ではよく見えない後姿」をホメられると、なんだか妙に照れくさかったりします。でも、嬉しい。

男だって同じだということ。

あたしたち女性ほどではないけれど、男だってやっぱり〝外見は気にしている〟んです。

だから、彼の体型（コンプレックス）に見合ったホメ言葉で、彼が**「自分ではよくわかっていない後姿」**を、サラリとホメましょう。

ちなみに、あたしの現在のパートナーは、高身長（180センチ）細身の筋肉質、ケツでかめ。

「ほんっっっと、つくづく思うけど、キレイな後姿やなぁ……。外国人モデルの男の人みたい！」と言うと、ヤツは心底嬉しそうにニヤけます。ついでに言うと、あたしの父は高身長（186センチ）デブ身の筋肉質、脚短すぎ。

「パパの後姿って、マジ格闘家っぽい。後姿がもう〝強い〟って言ってる感じ。頼りがいがあるって言うか……」

と言うと父は、「ホメたって今日は何も買ってあげないよ」と目尻を下げ下げ、かなーり嬉しそう。

デート中のエチケット。

〈後姿・ホメ〉は意外に使えるイイコです。ぜひ、どうぞ。

車でデート・ホメ

たとえ近所のホームセンターまでという、短距離ドライブだとしても、それすらデートの1つだと考えて、彼を・旦那さまを・お父さんをホメましょう。

ドライブデート中のホメ言葉は超簡単。

運転しているのが彼なら、横顔をホメる。安心をホメる。テクニックをホメる。

直球勝負で、「ほんと鼻筋が通ってて、キレイな横顔だね」とホメるも良し、その真剣な眼差しをホメるも良し。

また、駐車券などを唇に挟む仕草を、

「その仕草って女の子から人気なんだよ、知ってる？　すごく色っぽく見えるらしいよ。うん……確かにちょっとセクシーかも」

と、ひやかすようにホメるのもオススメです。

「人の運転ってすごく怖いんだけど、あなたの運転だけは、なんでかすごく安心する。はじめてあなたの運転する車に乗った時から、不思議と安心したなー」

と、昔を懐かしんだりする演技。

「少し前に友だちのA子ちゃんの運転する車に乗ったんだけど、もう……めちゃめちゃ怖かった。それと比べるのもどうかと思うけど、あなたの運転する車だとぜんぜん不安にならない。なんでだろう……」

と、不思議がりつつホメるという、〝わざとら演技〟もオススメです。

ここで注意してほしいのは、彼と比較するのは必ず「女性」であること。

過去・現在に限らず男性と比較してはいけませんよー。

助手席を温めているのが彼なら、こちらも安心をホメましょう。

「あなたが隣で〝見守っててくれている〟って思うだけで、緊張せずに運転できる」

とかなんとか、少々照れくさいセリフだけれど、せっかくなので言ってみましょう。

「お父さんが隣にいるだけで、安心して運転に集中できる、ありがとう」などの軽いタッチでも大丈夫です。大切なのは、『あなたがそばにいてくれるから』という感謝の気持ちを、ホメ言葉にして伝えること。

あたしのこれまでの経験上、男はドライビングテクニックなどをホメると、ルックスやセンスなどをホメられた時とは少々、種類の異なる**「満足感」**を感じるみたいです。

だからこそホメなきゃ損だし、ホメ甲斐があるんです。

〈ドライブホメ〉はすごくオススメです。タクシーの運転手さんも、大喜びしてくれます。ほんとに、ほんと。

電車でデート・ホメ

近頃では、車を所有していない男子も多いとか。ま、不景気やしね。しゃーないいね。

でも若い女の子たちは、電車でデートより、自動車でデートの方が好きなんかな?

「電車でデートって……。中高生じゃないんやから」みたいなノリですか?

あたしのウンと若い頃（高校時代）を振り返ってみると、「車を持っていない男なんて、オトコじゃない」と思っていました。

というか、世の中がそういう風潮だった。マジで。

「BMWに乗ってるからって……ねえ……。ちなみに、クラスは何ですか?

ああ、そうですか」

ハイクラスじゃなかった場合の反応ね、ちなみに。

ま、こんな感じの、女の高飛車な態度が許される、そんな時代を生きてまいりました。って、ンな話はどーでもいいんだよ。

では本題にまいります。

電車でのデートなんて、ぜんぜん嬉しくないのに……どうしてホメなきゃならないの？　と思いますか。

周りの女友だちみたく、リッチな車でセレブなデートがしたいのに、と思っていますか。

だとしたら、彼もそう思っているかもしれませんよ？

「彼女……本当は、車でデートしたかったのにって思ってるんだろうな」とか、

「電車を使ったデートなんて、メンドクサイとかダサいとか思ってるんだろうな」とか。

実はあたし、過去にこのように言われたことが何度かあります。

「電車でデートかよ、ケッ！」なんて思ってなかったにも関わらず、

「れぃちゃんは、電車でデートなんかしたことないでしょ？　どの人も皆、車を持ってたでしょ？　ごめんね……俺、車持ってなくて」

と、申し訳なさそうに謝られてしまって、いやいやいやいやいや、ちょっと待ってよ、と。

そんなこと、コレっぽっちも思ってねーよ、と、すごく恐縮してしまった。

昨今の草食男子は、「車にステイタスなんて感じていない」というデータもあります。

でもそのデータが、〝どこまで本当のこと〟なのかなんて、あたしたちにはわかりっこない。

だからこそ、そんなデータに惑わされることなく、電車でのデートだからこそ、効果が発揮されるホメテクを使ってほしいと思います。

まず、『行き』は景色などを見て、無邪気に喜ぶ（演技）。

この演技、もとい、無邪気な態度はどんなホメ言葉よりも、彼を安心させ喜ばせます。

これから行くデートスポットの話で盛り上がるも良し、パンフレットを見て、「キャッキャキャッキャ」と喜ぶも良し。

『行き』は言葉よりも「態度」で、彼が計画した電車でのデートプランをホメるんです。

『態度でホメる』、ここ重要ポイントですよー。大切ですよー。

はい、お次は電車でデートの『帰り』です。ここでは言葉が必要になってきます。

今回が初デートなら、『電車を強調せずに、電車デートがいかに楽しかったか』を可愛く伝えましょう。

まずは、「すっごく楽しかった。こういうデートっていいな」など、素直に思いを伝えましょう。そして彼が、「こういうデートって?」と聞いてきたら、「――電車で移動するデートのこと。渋滞の心配をしなくていいし、それに何より……一緒に楽しんでるって感じが、すっごくしたから」&はにかみ笑顔。

※「――」と「……」はそれぞれ2秒ほど間を置いてください。

こんなコッパズカシーこと、言えるかよ！　と思ったそこのあなた！　初デートですよ、初デート！　甘々のセリフで好感度をギュギューンとあげなくてどうすんだよ！

またこのセリフは、もともとは車を所有していた彼が、この不況で車を手放した直後、一発目の電車デートの際にもとても効果的ですよ。

電車デートを使って好感度をギュンギュンにあげておけば、電車デートが5回、6回と続いた頃に、

「たまには、あなたが車を運転する姿を見てみたいな……」と、『たまにゃあ、車出せよ、オラッ！　この際、レンタカーでもイイんだよ』という本音、もとい、お願いも聞き入れてもらいやすくなるので、オススメです。

デートでホメれ 5

映画でデート・ホメ

映画を楽しむデートでホメテクを駆使するなら、絶対に絶対に、〝彼の好みの映画〟に付き合うのがよろしおす。

というのも、初デートまたは付き合って間もないデートで、映画の趣味が違うと気づいた場合、女の子側のテンションがさがってしまうからです。

「わたしたち……趣味が合わないんだわ……どうしよう」

って、どうしようもねーよ。つーか、そこで凹むな。悩むな。泣くな。

彼の好みの映画を一緒に見る方が、ホメテクは使いやすいです。

それに、趣味が違う方が、「ホメ言葉」にリアリティを持たせることもできるしね。

例えば、彼が見たい映画はアクション系。

あなたが見たい映画はラブロマンス系だったとしましょう。

初デートや付き合って間もない頃の男は優しいです。

ヤツらは、「いいよ、君が見たい映画で」なんてことを言いますわな。

そこであなたはこう言うんです。言うべきなんですっ！

——その前に、ここでクイズを少々。

以下の【A】と【B】どちらのセリフが正しいでしょー。

【A】「ううん、いいの。あなたが見たい映画をわたしも見たくなっちゃったから」

【B】「ううん、いいの。あなたが見たい映画の方が、面白そうだからわたしも見てみたい！」

15秒間考えてください。

正解者のあなたには……。

近々、きっと良いことが起こるでしょう。

〈答え〉

正解は【B】です。

パッと読んだ感じ、可愛らしく思えるのは【A】ですね。
「あなたが好きなものが、わたしも好きなんだみょん！」
みたいなね。あなた色に染まりますよ的な？
確かにこれも間違ってはいません。こういうセリフを好む男も大勢います。
「俺色に染めてやるぜ」みたいな？
ただ、この手の『わたしをあなた色に染めてください系』のセリフのデメリットは、

● 付き合うと重い女になるかもしれない
● 俺の言うことならなんでも聞く、便利な女

と、男に勘違いさせてしまうというか、男を調子に乗らせてしまう恐れがあるという点。

可愛らしい女の子だと、彼に思ってもらえるような言動をとるのは基本中の基本ですが、それも行きすぎると、逆効果になってしまいます。よってこの場合の正解は、【B】なんです。

「〜面白そうだからわたしも見てみたい」

こう言い換えるだけで、確実に〝重さ〟はなくなります。

また、女をよくわかっている賢いイイ男なら、「この娘は、俺に気を遣わせないように、気を遣えるイイ女だな」と思うでしょう。

昨今流行の草食男子は〝受け身で逃げ腰〟という、わけのわからん性癖、ちがうっ！　性質《タイプ》なので、「重たさ」や「がっつき」はできるだけ見せないように、**『言葉を上手く操る』**必要があるんです。オッケーですか？

さて、【Ｂ】のセリフでアクション映画を見終わったら、ホメテクをスパークさせましょう。

あなた：「ふー。やっと落ち着いた……」
彼：「どうしたの？」
あなた：「だって、ずっとハラハラドキドキしっぱなしだったんだもん！」
彼：「あはは！」

はい、次のセリフが勝負です！　絶対に言いましょう！

あなた：「アクション映画ってだいたいこんな感じ？」

　この質問に対して彼がどう答えるかで、ホメ言葉は変わってきます。よって聞き漏らし注意！

　彼の反応がポジティブなものだったら、

「もう、すっごく面白かった！　あなたが見たいって映画を見て良かった！」

とか、

「映画のチョイスにはその人のセンスが出るって、何かの本で読んだことがあるから、やっぱりあなたってセンスがイイんだろうなあ……羨ましい！」

など、少々大袈裟なくらい〝感激ホメ〟をしてください。

　彼の反応がネガティブなものだったら、まずは彼の意見に同調してください。

決して、「そうだよね、あのシーンであのセリフはないよね。だいたいさー最近のハリウッドのアクションものってさー」

などと、意見は言わないこと。※付き合いが長くなれば別。

映画ツウの彼、もしくは〝知ったか〟ぶりたい年頃の彼の意見に合わせて、「うんうんうん。あーそうなんだ。知らなかった……」

などと同調してください。そのうえで、

「あなたって映画に詳しいんだね。わたしなんて、登場人物の名前とか関係性をついつい考えすぎながら見ちゃうから、いつも頭の中がグルグルしちゃって……」

などという軽い自虐発言で、間接的に彼を持ち上げます。そのうえで、

「映画に詳しい人って無条件で尊敬しちゃう！」とか、

「映画選びにはセンスの良し悪しが出るっていうから、あなたがオススメする映画ならゼッタイに面白いはず！　最近のオススメは他にどんなのがある？」

などとホメまくってください。

持ち上げまくりのホメテク祭り（？）で、スパークしちゃってくださいや。

詳しいんだね!
尊敬しちゃう〜♪

食事デートはホメパラダイス

こちらは簡単にいきましょう。

最愛の彼に、同僚に、旦那さまに、お父さんに。そして狙った獲物（?）に。

相手がチンチンブラブラな異性であるのならば、ぜひともお試しくださいませ。

ホメテクの効果が最大限に発揮されるのは、『彼の行きつけのお店』です。

たとえそのお店が『安くて早くて美味い』ことで有名な、「並盛り一丁！ ツユダクで！」なお店だとしても、イヤな顔を見せることなく、素直においしさのみを味わっとけっ！

行きつけのお店をホメられるのは、「自分のセンス（食のセンス・お店選びのセンスなど）をホメられている」のとイコールです。よって、ホメテク歴の浅い人から玄人さんまで、どなたにでも使えますし、平等に効果が発揮されます。

ただし、食事デート『彼の行きつけのお店』編で必要なのは、ホメ言葉と、

〝目〟の演技力です。

はい、では皆さん。鏡を用意してください。早くっ！　ただちにっ！

それでは只今より、「おいしい」を伝えるバリエーションレッスンを開始いたします。

「あっ！　おいしいっ！」
「お……いしい……！」
「おいすぃー！」
「……！」←無言。ｂｕｔ、心の中でおいしいと絶叫しましょう。

鏡に向かって、右記のおいしいを声に出して読んでみましょう。

この「4種類のおいしい」は、声のトーンや目の演技を変えるだけで、何パターンものおいしいを表現することが可能です。

目をパッと見開く。目を大きく長く見開く。

目を閉じておいしさを味わう。遠い目をして懐かしむ。↑何をだよ
（可能であれば）目を潤ませておいしさに感動する。目をパチパチする。

口元を押さえながら目を見開き、あまりのおいしさに呆然とする。

少々焦点の合わない目で彼を見つめる。↑白眼むきすぎ＆寄り目に注意
これら目の演技は、時に口よりも雄弁にホメ言葉を語ります。

そして、それは彼をとても安心させ、喜ばせ、連れてきて良かったと思わせることができるのです。

女は誰もが名女優。

ここらで一発、目の演技のプロとなり、ホメ言葉を言わずして、彼をホメ殺してみませんか？　目の演技は、彼の行きつけのお店以外の場でも、モテテク・愛されテクとしてとても使える優れものです。

もう1度書きます。

女は誰もが名女優。さっ、鏡に向かって練習開始！

お見立てデート・ホメ

こちらもいたって簡単です。

相手が異性ならば誰にでも使えますし、大きな効果が得られます。

ちょっとしたモノを、（彼のセンス）で見立ててもらいましょう。

大切なのは「ちょっとしたモノ」であるという点です。

「マジで大事なモノ」を見立ててもらうのは、彼にセンスがなかった場合、大火傷（？）を負う可能性がありますのでお控えください。

ただし「ちょっとしたモノなんだけどさー、選んでよ」なんて言わないように。

彼には「すごく大切なモノだから、あなたのセンスを参考にしたいの」と、彼のセンスを遠回しなようで直球のような、でもやっぱり遠回しな感じでホメてください。まずは、この時点で彼に気を良くしてもらっておきましょう。

できれば、お見立てデートで彼に選んでもらう品は、異性（架空でOK）へのプレゼントが良いと思います。

旦那さまにお見立てをお願いをするのなら「女友だちの息子へのお祝い」。彼氏にお願いをするのなら、「親友の弟のお誕生日や就職祝い」。狙った獲物な彼にお願いをするのなら、（あなたに兄弟がいる場合は）「兄弟へのプレゼント」、もしくは職場の上司の定年祝いなど、彼が不愉快に思わない異性をチョイスしてくださいねっ。

理由なんてテキトーに――なんて軽いことは書けませんが、つまり、なんだっていいんです。

「年頃の男の子がどんなモノを喜ぶのかがわからなくて」とか、「上司が負担に思わず喜んでくれるモノがわからなくて」など、なんだってイイんです。

第一の目的は、『異性に贈るプレゼントを、センスのいいあなたに選んでほしい』と、彼にお願いすることだけですから。

デート中の振る舞いなどは、読者の皆さんにお任せします。

あたくし春乃れぃがこれまでに書いた、恋愛レッスン系の本を参考になんかしちゃったりしてっ！　テヘッ！

はい、そうしてお見立てデートが無事終了。

帰宅後すぐにお礼のメールを送りましょう。

ここからがお見立てデート・ホメの本当のポイントです。

まずは数日後（3日後くらいがベスト）、改めて彼にお礼を伝えましょう。

「この間のあなたが選んでくれたプレゼント。すっごく喜んでくれたよ。あなたのおかげ。本当にありがとう。あなたにお願いしてほんっとに良かった！」

と、感謝ホメをしてください。

そして最後に、再び彼のセンスをホメましょう。

「ひとつ質問なんだけど、普段どういう風に小物とか服とか選んでるの？　わたし……恥ずかしいんだけど、ほんと……そこらへんのセンスがなくて。だから、どうすればあなたみたいなセンスが身につくのかなーって……」

と、決して大袈裟にならないよう、決してテンションをあげることなく、

「素朴な疑問なんですが、何か?」というようなシラジラシー演技でもって彼をホメてください。

これが、お見立てデート・ホメの〝〆《しめ》〟です。

最後の〆を、テンション高く大袈裟にホメない理由は2つ。

1つめは、彼に大満足してもらうため。

彼はあなただけでなく、あなたの知り合いの男性、つまり2人からホメられたことになります。これって、かなり満足度は高いですよっ。

そしてもう1つの理由は、次の機会のお見立てデートに、彼を誘いやすくするためです。

ホメベタ、引っ込み思案のあなたも、お見立てデートなら彼を誘いやすいのでは?

「でもやっぱり恥ずかしいよ……」なあなたには、最も身近な異性であるお父さんや兄弟を、お見立てデートに誘ってみてはいかがでしょう?

そうすれば男がいかにホメられるのが好きかを体感できること、間違いナスッ!

人間関係を円滑にするホメテク

ちょっと遠方まで行くデート（旅行含む）では、お土産（記念品）を〝欲しがる演技〟が必要です。なぜかというと――。

以下はあたしの友人・知人の男たちの意見です。

「男が彼女を旅行やデートに連れて行くのは（安くはないお金を払うのは）、彼女に喜んでもらおうと思ってのこと。だから女はそれに対するお礼として、本当はどう思っていたとしても、無邪気に喜ぶふりぐらいはするべきだ。それが**大人のマナー**」

とのことです。

付き合いが長くなってくると、「親しき仲に礼儀なんていらない」というような振る舞いをする人たちは多い。また、知り合って日が浅い場合は、お互いの好みを把握していないため、それほど嬉しくないデートプランだったりすることも少なくない。

だけど、それはそれ。

無邪気に喜ぶ演技をしない理由にはなりません。

そこでオススメなのが、お土産（記念品）を欲しがる演技だったりするわけで。

「記念日好き・記念品好き」な女が多いということを、彼ら男は知っています。

だから、それを利用する。

女…「わー！　あれ欲しい！」

男…「あんなのいらないだろー」

女…「ううん！　あれが欲しい！　だって、今日一緒にここに来た記念なんだもん！」

などと、無邪気にわがままを言いましょう。

本当は、そんな記念品なんて欲しくなかったとしてもです。

「私はこのデート（旅行）を、心から喜んでいます！　だから記念に買いたいのです！　ムキーッ！」という演技をする必要があるんです。

なぜなら、この〝欲しがり演技〟が彼のたててくれたデートプランを、間接的だけど直球でホメていることになるからです。すごくオススメのテクニックです。

ぜひとも「欲しがり演技」してください。

さて、これを読んでいるあなたは――。

「こんなに喜んでくれるなら、連れてきて良かったな……」と男に思わせていますか？

自分は、男にこんな風に思わせる努力をサボっているくせに、「うちの彼、どこにも連れて行ってくれない」なんて愚痴を言ったりしていませんか？

男と女はギブ＆テイク。

欲しけりゃ先に与える。

あたしは、これこそが人間関係を円滑にする基本だと思っています。

ホメ言葉だって同じ。

「うちの旦那、ぜんぜんホメてくれないの……」ではなく、**ホメられたいなら、先にホメる。**ホメまくる。ホメちぎる。ホメたおす。

ホメられたがりのあたしは、いつもそんな風にしています。

それでもホメてくれない場合は「なぜあたしをホメないのか、意味がわからん！」と、遠慮なくブチ切れるようにしています。ええ、強制的にホメさせます。

いいの。

女はこれでキレイになるんやから（たぶん）。

エッチの時に使う最高のホメ言葉

今よりうーんと若い頃、男はルックスのみで選んでいました。
ま、アホやったというか、自分にないものを相手に求めていたというか。
そんなあたしですから、ナルシストな男の扱いは相当慣れているように思います。
で、そんなあたしが思うこと。
男の多くは、セックス後はなぜかナルシストになってるよね？
「自惚れるようなテクニックかよ、笑わせるぜ」
と言いたい気持ちが全宇宙を占めていますが、そこはホレ。
この本はホメテクですし。せっかくですし。かわいそうですし（？）。
エッチ後、ナルシストになる男はホメるに値するか？

――ではなくて、どうホメるかです。

●まず、ヘロヘロの力の抜けた状態で（演技）、彼のセックスがいかに良かったかを、〝態度〟で表現します。

「感じすぎて感じすぎて、力が出ないわ……」ってな態度で演技。

そんなあなたを、高飛車かつ満足げな目で見つめるナルシス男。

この時点での彼らの満足度は65％です。

なのでここではとりあえず、15％を足してあげましょう。

●「あなたの……って……」

と、息も絶え絶え&桃色吐息（演技）で、ナルシス男の興味を惹きましょう。

そうするとナルシスは、「なに？　あなたのって何だ？」とクールぶりながらも、その続きを欲します。でもまだですよ。まだ、ズバリとホメるのは早いです。

●ナルシスが喜ぶ〝前置きホメ〟で、もう15％足しましょう。

「ちょっと待って……息が……まだ苦しい……」

これです、これ。ホレ！

どういうことかというと、「あなたとのセックスによって、あたしはまだこんなにも苦しんでるの（＝行為そのものは終わったはずなのに、まだ感じています）」という、小細工（演技）を入れるわけです。

そうすることによって、ナルシスは「へっへっへ」「だろ?」と調子に乗ります。もといい、喜びます。

そして、残りの5％は──。

「こんなのはじめて」ではなく、「こんな風になっちゃうの、あたし……はじめて……」と言いましょう。

「こんなの初めて」の10倍、いや200倍の威力のある、ナルシス男をスーパーナルル男に変身させる、（たぶん）最高ホメ言葉ですよ、コレ。どうぞ、ご自由にお使いください。

※ただし、スーパーナルル男はややウザいですが。

Lesson 4
実技テスト

ホメテクのレベルチェックと実力アップ

さてさて。ホメテクLesson1～3では、基礎・実践・応用とあらゆる場面でのホメるテクニックをご紹介してまいりましたので、Lesson4ではレッスン、つまり『実技テスト』をしようかな、と。その方がちょっと面白いんじゃねーのかと。1問正解するごとに、脳内で5点をプラスしてください。20問全問正解で、100点満点。さあ、あなたはホメテクマスターか？それとも、まだまだ若葉マークの初心者かっ？ レッツ、ホメテスツッッ！

Check Sheet

第1問	⊗	第11問	⊗
第2問	⊗	第12問	⊗
第3問	⊗	第13問	⊗
第4問	⊗	第14問	⊗
第5問	⊗	第15問	⊗
第6問	⊗	第16問	⊗
第7問	⊗	第17問	⊗
第8問	⊗	第18問	⊗
第9問	⊗	第19問	⊗
第10問	⊗	第20問	⊗

正解×5点=　合計　　　　　点

第1問

制服姿しか見たことがない、鬼のようにダサいと思っていた同僚・同級生男子の私服が、意外にステキだった時、どのようにホメるのがベストでしょう?

A
見たまんま素直に「カッコイイ! ○○君って私服、すっごいオシャレなんだね! めちゃめちゃ似合ってるよ!」と、笑顔いっぱいテンション高めにホメまくる。

B
制服姿と私服姿の違いにしばし呆然として彼を見つめ、彼と目が合ったらそれを合図に、「すっごく似合ってるね……」とハニカミ笑顔。

さあ、あなたならどっち?!

正解

彼の性格が（どちらかというと）目立ちたがり屋なら【A】、控えめなタイプなら【B】です。ただし、どちらのタイプにも好感を持たれ、かつ〝本当にステキだと思ってくれている〟と思わせたいなら【B】だと思います。

また、あなたのキャラが（どちらかというと）にぎやかで華やかなタイプなら【B】のようなホメ方をする方が、キャラとのギャップが〝リアルさ〟を出してくれます。

ポイントは、**『呆然として彼を見つめる』**と**『ハニカミ笑顔』**です。口先でホメるのみでなく、そこに『目の演技』をプラスすることにより、ホメに深みが出ます。

ということで、春乃れぃ的には正解は【B】。

第2問

髪形を変えて、グッと垢抜けた同級生・同僚の男子にはどんな風にホメるのがベストだと思いますか？

A

「わっ……髪形変えたんだ！　すごく似合ってるよっ！　俳優の○○っぽくて、すっごくカッコイイ。ちょっと触ってもいい？」とホメながら、軽いボディタッチをプラスする。

B

しばらく彼を見つめた後、「あっ……髪形だ……。昨日までとどこが違うんだろうって、ちょっと観察しちゃった、ごめんね。でもすっごくカッコ良くなったね、なんかドキッとしちゃった」

さあ、あなたならどっち?!

正解

彼との関係が深かったり濃かったり、同級生・同僚以上の「仲の良さ」があるのなら【A】、そうでないなら【B】がオススメです。ただし【A】の場合、彼が〝俳優の○○〟をステキだと思っていないなら逆効果になってしまうことも。また、皆の見ている前でオーバーにホメられる＋ボディタッチを受けることを嫌がる（恥ずかしがる）男もいるので、そこは彼の性格と空気を読む必要があります。

【B】は彼の性格やあなたのキャラに関係なく、万人ウケするホメ方です。『しばらく彼を見つめる』こと。そうだ！　気がついたわ！　という風を装った『あっ……髪形だ……』のセリフ。「観察しちゃった」と「ドキッとしちゃった」の『しちゃった』のダブル使いなど、多くの男が好みやすい、控えめで可愛い女の子らしさを【B】にはたっぷりこめました。

ということで、正解は【B】。

第3問

いまいち頼りない（失敗の多い）後輩男子が、ちょっとした成果を収めた時、どんな風にホメるのが良いと思いますか？

A ……… 「おめでとう！　すごいねっ！　また1つ、あなたのこと尊敬しちゃったよ。わたしもあなたを見習って頑張らなきゃ。わからないことがあったら聞いてもいい？」

B ……… 「すごいじゃん！　〇〇君はやればできる男だと思ってたよ！　おめでとう。これからもその調子でバンバン頑張って！」

さあ、あなたならどっち?!

正解

これはもう断然【A】。会社勤めをしていた頃、後輩男子に【B】のようにホメる女の先輩を多く見たけれど、なんで〝上から目線なんだよ〞と、あたしはいつも思っていました。ま、後輩男子に向けたホメ言葉だから、上から目線で良いのかもしれないけど、あたしならこうは言わないなと思っていたし、彼らに聞いてもやっぱり『上から目線ホメ』は男の先輩からなら嬉しいけど、女の先輩からだとちょっと複雑だと言っていました。

【A】の「わからないことがあったら聞いてもいい？」のセリフは、後輩男子に向けたセリフとしてはちょっとビミョーかもしれないけれど、男は口ではどう言ったとしても心の中では『男は女より上』と思っていることが多いです。だからあえて、〝した手〞に出た物言いを加えました。

第4問

アルバイトや仕事をすごく頑張っている彼をホメながらも、「もう少し私に会う時間を作ってほしい」とお願いする時のベストなセリフは次のうち、どっち？

A

「お仕事ほんとに頑張ってるね、毎日お疲れさま。でも、たまにはちゃんと身体を休めないと倒れちゃうよ？　それと……頑張ってるのはわかるけど、もう少し私のことも考えてほしいなって。本当はもっとたくさん会いたいよ……」

B

「お仕事ほんとに頑張ってるね、毎日お疲れさま。でも、たまにはちゃんと身体を休めないと倒れちゃうよ？　仕事の間に適度にリフレッシュを入れるだけで、もっと効率があがるんだって。ってことで、ちょっとリフレッシュしに行こうよ」

さあ、あなたならどっち?!

正解

恋や愛をしていると、誰でも一度はこういった問題にぶちあたります。

こういった場合は、彼に「NO！」「わかってくれよ」「君の言いたいこともわかるけど」などと言わせないようなセリフを選ぶ方が賢いのです。

なぜなら、彼に「わかってくれよ」と言われたら、正しく言い返せないでしょ？　感情的になって言い返しちゃうか、押し黙ってしまうかのどちらかになるパターンが多いはず。だったらはじめから「わかってくれよ」と言わせないようにする方が賢明。

「～本当はもっとたくさん会いたいよ」のセリフはとても素直で可愛いけれど、これで彼の心をポジティブな方向に動かすことができるのは、多くて3回くらいかな。よってこの貴重な3回は『本当に本当に、ココぞ！』という時まで保管しておく方がイイと思います。

また【A】のセリフは「あなたのことを心配してる」と言いながら本当の本

音は「私のことをもっと構ってよ」です。男は単純だけどバカじゃないからね。『いたわり風』のセリフが「誰のためのものなのか」ぐらい気づきますよ。

ということで、あたしは【B】のような『提案型』のセリフをオススメします。

リフレッシュには、マッサージだったりヘッドスパだったり、彼が（というかお互いが）本当にリフレッシュできるモノを選ぶのがイイかもしれません。なぜなら「やっぱりコイツに会って良かった！　スッキリした！　楽しかった！」と思わせなければならないので。

好きで付き合っている2人なら、彼にだって「会いたい」気持ちはあるはずです。

「なかなか時間を作れなくて申し訳ない」という気持ちだって当然あるはずです。

「寂しい」「もっと会ってよ」「仕事と私、どっちが大切なの」と泣きつき責めて、渋々時間を作ってもらうのと、「コイツと会うとやっぱり楽しいからなあ」

と思わせるよう仕向けるのと、どちらが良いか——もうわかりますよね？　ってことで、正解は【B】です。

リフレッシュの内容をここではヘッドスパやマッサージとしましたが、彼がリフレッシュできそう（喜んでくれそう）なことならなんだってOKだと思います。そこは自分で考えましょー。あなたの自宅を彼のための、臨時ヘッドスパ＋マッサージサロンにしてみるのも良いですし。

この際だから、彼に会えない時間をツボ押しや、オイルマッサージの勉強にあててみるのもイイのではっ？

第5問

憧れの彼との初デート。スーツ・制服姿だとカッコイイのに、私服姿の彼はあまりにもダサい……。彼の気分を損なわないように、そして私自身の好感度もさげないように、上手に「ダサい」を伝えたい。さあ、どうしましょ？

A 「なんかいつもと雰囲気が違うね。○○さんは手脚が長くて爽やかだから、私服はきっと――な感じだろうなって勝手に想像しちゃってた！」

B 「なんかいつもと雰囲気が違うね。制服（スーツ）姿とは別人みたい。あっ、違うの。変ってことじゃなくて……」

これはサービス問題ですねえ。

正解

当然【A】が正解です。まずはとりあえずホメる。ホメ言葉は2つ、3つ重ねて言いましょう。ただしサラッと言うこと！　ここで、ホメ言葉を選びすぎて口ごもってしまうのはブーです。嘘でもいいから（？）サラッとサササッとホメましょう。そして『——な服装の方が似合いますよ』というのを「——な感じだろうなって勝手に想像しちゃってた」という言葉に置き換えて伝えましょう。

賢い男なら、あなたの言わんとすることをきちんと理解するでしょう。
鈍感な男には伝わらないかもしれないけれど、なにぶん初デートですからね。
ジャブはこのぐらいにしておく方がベストだと思いますよっ。

第6問

彼が・旦那さまが・お父さんがくれたお誕生日プレゼントが、いまいち気に入らない。でも、マナーとして笑顔でお礼を言わなければならない。でも、大袈裟に喜んでまた来年のプレゼントが同じように〝いまいち〟だったらイヤだし……。さあ、あなたならどんな風にお礼の言葉を伝えますか？

A ……「ありがとう！　すごく嬉しい！　ねえねえ1つ聞いてもいい？　どうしてコレを選んでくれたの？　私に似合うと思ったから？」

B ……「ありがとう！　ほんと嬉しい！　ほんとにほんとに嬉しい！　ずっと大切にするね」

さあ、あなたならどっち?!

正解

これはもう、イマイチだろうがイマハチだろうが絶対に【B】です。

プレゼントに難くせ（と相手が思うようなこと）をつけるのは、人間として最低です。身内のことを悪く言うのはイヤですが、あたしの母は「難くせ」をつける人でした。確かにあたしの父はプレゼントのセンスがゼロで、本当に「どこで買ったんだ、それ」と事情聴取したくなるモノばかりをプレゼントする不思議な男でしたが、それはそれ。

プレゼントとは物品のことを言うのではないと、あたしは思っています。あたしの記念日を忘れないでいてくれたこと、あたしの喜ぶ顔を思い浮かべてくれていた「時間」、あたしを喜ばせようと思ってくれた「気持ち」、これらが本当のプレゼントだと思います。そしてこれらに対するお礼は「ありがとう」「嬉しい」「ずっと大切にする」＋満面の笑みがベストだと思います。というか、それ以外に何があるの？　って感じでっせ。

第7問

苦手な先輩にランチに誘われた。だけど、どうせならここで一発「気に入られたい」。でも、他の同僚も一緒だから、媚を売るような感じで先輩をホメるのだけは避けたい。どうしよう……。

A ………… 「先輩のことすっごく誤解してました。私、先輩のこと厳しい人だと、勝手に決めつけてました。ごめんなさい。本当にすみませんっ！　私って本当に人を見る目がないんだな……情けないです」

B ……… 「オイシイ！　先輩っていつも、こんなオイシイお店でランチしてるんですか？　いいなあ。わっ、海老がぷりっぷりしてる！」

さあ、あなたならどっち?!

正解

ホメ言葉ひとつでこの世の荒波を乗り越えてきたあたしが、経験から習得した〝お局系女子対策〟の小技。ババアもとい、年上の苦手なタイプの女の先輩には「ほどよく無邪気」に接して「ほどよく甘えて」「たっぷり羨ましがる」。そして陰でこっそり「した手に出たり・ダメな私」を演出する。これに尽きる！

というわけで、正解は【B】。

この場合は、あなたと先輩以外に同席者がいるので、絶対に【B】です。皆の前で先輩をホメるなら、無邪気な後輩を演じるのみにしてください。「海老がぷりっぷり」のセリフは他に置き換えても全然OKです。「わっ！　お肉が柔らかーい」でも良いですし、「わあっ！　トマトソース、んまっ！」でもなんでも良いです。ただし、せっかくのランチなので味（？）に関する無邪気な反応を見せること。はい、皆の前ではこのように接してくださいねっ。

そしてその後、メールなど先輩とあなたが1対1で向き合う際に、【A】のような内容を送るんです。『ごちそうさまでした。本当においしかったですっ！』の言葉を添えて。

これでよほどのへそ曲がり以外のたいていの先輩・お局さんは、ダイジョブです。

お局さんを含む、同性の先輩は味方につければ得ですが、敵に回すと本当に厄介な存在です。気に入られ過ぎると、それはそれでウザいんですけどねぇ……。

常にホメたり、ホメすぎると「あの子、ちょっと信用できないわ」と逆効果になってしまうこともあります。よって、同性の先輩は『**ピンポイントでホメる**』そして、『無邪気に振る舞う（または、慌てん坊でドジな後輩を演じる）』。そして、『ほどよく頼る・甘える』。

頼って甘えたら、お礼の言葉とセットで『ピンポイントでホメる』ようにしましょう。これだけで〝女と歩む人生〟はかなり楽なものになりますよっ。

第8問

彼の親友カップルとダブルデートをすることになりました。彼の親友の彼女は、すごくプライドが高そうだし、身に着けている小物やバッグは有名ブランドのモノだったりして、あなたとは気が合いそうにありません。でも、彼の手前〝できた女風〟の演技をしなきゃならない。さて、あなたなら彼の親友とその彼女、どちらをどんな風にホメますか？

A ……… 彼の親友を「彼からいつも、すごく面白くて優しい人だって聞いてます」とホメる。

B ……… 彼の親友を「噂どおり、カッコイイですね。彼女さんも美人だし、お似合いですね」とホメる。

C

親友の彼女を「彼氏さん、カッコ良くて優しそうですね。○○さん（彼女のこと）も美人だし、なんかすっごく羨ましいなあ……」とホメる。

D

親友の彼女の身に着けている小物やバッグや、着ているお洋服に視線をやりながら、「それ、すっごく可愛い！　いいなあ！　ちなみにどこで買ったのか、聞いてもいいですか？」とホメる。

さあ、あなたならどれを選びますか？

正解

ポイントは彼の親友の彼女がプライドが高そうで、身に着けている小物類が有名ブランドのモノという点です。こういうタイプの女をホメる場合のコツはとにかく『羨ましがること』。〝羨ましい〟や「いいなあ！」発言が、彼女のプライドを満っち満ちに満たします。よって正解は【D】。【C】の中にも「羨ましい」という言葉は入っていますが、【C】のホメセリフを使う場合は【D】のセリフによって彼女を気持ち良くさせて、飲み会が盛り上がり親近感が増した頃に言うのがベストです。なぜなら、飲み会が始まった直後に【C】のセリフを言うのは少々わざとらしいというか、媚びているように思われる危険もあるからです。

【A】は彼と彼の親友とあなた、3人で会った場合のホメセリフとしてはOK。

【B】は社交辞令バリバリのような感じがするので、あたしなら言わないし、仮に言われたとしても嬉しくないです。ということで【D】がオススメでっす！

第9問

過去に軽い嫌がらせをされたことのある苦手な女の先輩が、落ち込んでいる姿を目にしてしまいました。さて、あなたなら【A】と【B】どちらの言葉をかけますか？

A

「先輩、大丈夫ですか？　私じゃ頼りないかもしれませんけど、私にできることがあったら言ってください。こんな時に言うのは変かもしれませんけど、私……先輩のこと憧れてますから、少しでも力になれたら嬉しいなって」

B

「先輩、どうしたんですか？　何かあったんですか？　私じゃ頼りないかもしれませんけど、私にできることがあったら言ってください。私……先輩のこと憧れてますから、少しでも力になれたら嬉しいなって」

さあ！　あなたならDOCCHI！

正解

これはあたしの主観ですが「どうした?」「何があった?」と言ってくる人、多いよなーって。心配してくれるのは嬉しいし、事実心配〝も〟してくれてるんだろうけど――。

だから曲がった見方をすると、【B】はどこか「野次馬的」に思えてしまったりする。『何かがあったから』落ち込んでいるのは、見た通りなわけでそれをわざわざ「どうしたんですか? 何かあったんですか?」って聞く必要あるんかな、って思ってしまうあたしはへそ曲がりの性格美人ですか?

そんなあたしが出した正解は【A】です。まあ、こちらに関してもハッキリ言えば、大丈夫じゃないから落ち込んでるわけですけど、この場合の「大丈夫ですか?」はOKだと思います。というか、あたしがへそ曲がりなだけで、本当は【A】も【B】もどちらも正解かもしれませんねえ。

第10問

合コン当日。お目当ての彼の隣の席をキープできなかった……残念！ 今、私の隣に座っているのは、人が好さそうだけど外見はまるでタイプじゃない男。横目でチラチラとお目当て君の方を見ていたら、「アイツみたいなのが好み？」と。さあ、どうする？ あなたならなんて答える？

A ……「あっ……そういうんじゃないんだけど、なんかあの人ってすごくモテそうなタイプだから。彼女いそうなのに、合コンに来るんだなーって思って」

B ……「あっ……ごめんなさい。なんかあの人、どこかで見たことあるなーと思って。気分悪くさせちゃったよね、ほんとごめんなさいっ！」

これは簡単ですねえ。

正解

実はこれ、あたしの知人男性が〝数回〟体験した実話です。彼は確かに見た目はイマイチかもしれませんが（失礼！）、内面はすんげえええイイ男なんですよ。ほんの少し、目や鼻の大きさや配列が、玉木宏さんとは違うだけで。

彼曰く、「違う、そういうんじゃないの」と言いながら、遠回しに（遠回しか？）お目当ての男のことを俺に質問してくる女の子は結構多いよ、とのこと。「俺に興味がないのはわかるけど、そこは上手く言葉を濁すか隠すなりしてくれたら、俺も良い気分でアシストできるのになー」と残念がっておりました。

ということで【B】が正解かな、と。

第11問

今日は仲間との気取らない飲み会。女の子たちの憧れの先輩はラフな格好をしていて、今日は一段とカッコイイ。女子一同が似たような言葉で先輩をホメる中、どうしてもここ一発で差をつけたい。さあ！　あなたなら、【A】と【B】どちらのホメ言葉でインパクトと好感度ビームを与えますか？

A

「先輩！」とまずはひと際大きな声で呼びかける。「なんか今日の先輩って、めちゃくちゃカッコイイんですけど！　なんか良いことあったんですかーっ？」とボディタッチ付きで話しかける。

B

飲み会の最中、先輩と最低5回は目が合うように工夫（？）しておく。そして、先輩が酔っ払う前にもう1度視線を合わせて、口パクで「カッコイイですね」と笑顔で伝える。

正解

2年ほど前、高校時代にマネージャーをしていたある部のOB会に参加した時に、実際に目撃したシーンを再現いたしました。OB会ですから、会ったこともない若い後輩たちもかなり参加していましてねえ。

【A】を言った女の子は見た目も華やかで、いわゆる読者モデルの中にいそうなタイプの女の子。【B】を言った女の子は読モタイプの女の子と比べると、華やかさでは見劣りするけれど、お天気キャスターならおじさんたちに人気出そうやなーみたいなタイプの女の子でした。

去年の9月。あたしの元に届いた1通の封筒の中身は――。【B子】と、飲み会の最中にバチバチバチバチ目が合った先輩との結婚式の招待状でした。三次会で聞いたところによると、先輩はB子ちゃんの口パクは読み取れなかったそうです。ただ、何度も目が合っていたことと、口パクで彼女が何を言ったのかが気になって、あとで個人的に連絡をとったそうです。それが2人が付き合うきっかけになったらしい。

ということで、正解は【B】。

したたかな感じもしないではないですが、常日頃あたしは言ってます。書いてます。目の演技（目を合わせる含む）と「口パクは武器になるよ」と。**目と口パクは、モノを言うんです。**そういうことなんです。

第12問

気合いの入った合コン前夜。相手のレベルは最高にスンバラシー。明日以降の私にはどんなシンデレラストーリーが待っているのかしら！　と、妄想に浸っていると、一緒に合コンに参加する女友だちから1通の写メールが。

「明日この服装で行こうと思ってるんだけど、どう思う?」

——キメキメだけどかなりイタいファッションセンスの女友だち。傷つけないように嫌われないように、ホメ言葉をふんだんに使いながらなんとか「イタい」を伝えたい。

A

「ちょっと気合い入りすぎぃ?　あー！　わかった！　オイシイ男、全部持っていくつもりでしょ！　○○はただでさえモテるんだから、たまにはシンプルな格好でわたしを引き立ててよー。こないだのあの服とかさ、清楚っぽくてすごく似合ってるって、皆言ってたよ」

B

「うん……すっごくイイと思うんだけど、なんかちょっと○○のイメージとは違うかなーって。○○は華やかで綺麗な顔立ちだから、もう少し色味を抑えた方がいいかもしれない。せっかく美人なのに服ばっかり目立っちゃう気がする」

さあ、どっち？　さあ、どうする？　さあ！　さあさあさあ！

正解

【A】【B】両方ともに、言われて嬉しい（悪い気はしない）ホメ言葉が入っています。「○○はただでさえモテるんだから」や、「綺麗な顔立ち」「せっかく美人」などなど。

さて、あなたなら、どちらを言われたら気を悪くしないですか？

あたしなら【A】です。同じ「その服はイマイチ」を伝えられたにしても、【B】は文章が硬すぎるあまりに「リアルに変なんだな。リアルに似あってないんだな」と思ってしまうだけではなく、『メールの返事』にも困ってしまう。

【A】のようなメールが届いたら、「何言ってんのー！　ギャハハハハ！　てか、あの服そんなに評判良かったんだ？　マジでー？」と軽く返信ができる。だけど【B】のようなメールが届いたら「そっか……ありがとう」としか返せない。あくまでもあたしならです。よって、あたしが思う正解は【A】です。

ただし女の子の性格によっては【B】の方が喜ぶ人もいるかもしれませんねっ。

第13問

前からひそかに狙っていた某ブランドの可愛いワンピースを、女友だちが「これ、彼に買ってもらっちゃったの！」と、自慢げに着ていました。友だち関係を壊さないためにも、何かホメなきゃいけない。さあ、どうする？

A

「あーっ！　それ、私も前からイイなって思ってたのにー！　いいなー。いいなー。悔しいなー。欲しかったのになあ……やっぱり超可愛いよね、そのワンピース。いいなあ、彼に買ってもらったんだ、いいなあ……」

B

「あーっ！　それ、私も前からイイなって思ってたワンピースだ！　彼に買ってもらったんだ、いいなー。でも、こうやって見てみると、やっぱり私が着るより○○みたいにスラッとした女の子が着た方が似合ってるね」

正解

「羨ましい」「いいなあ」の言葉や態度は、相手に「フッフッフッ、イイでしょ！」と大満足をプレゼントすることができます。今日は自慢される身。でも明日はあなたが自慢する身かもしれない。良いことも悪いことも明日は我が身です。相手が大満足するプレゼント（言葉や態度）を贈るのも、円滑な人間関係を作る秘訣だったりしますよっ。

ということから正解は――【B】。

【A】も【B】も同じように「いいなあ」を使っていて、同じように羨ましがっているのに、どうして【B】が正解なのか。違いは簡単。【B】にはホメ言葉が入っているからです。

羨ましがられるのは嬉しい。でも、ホメ言葉はもっと嬉しいんです。【A】には「やっぱり超可愛いよね、そのワンピース」と、ワンピースをホメる言葉は入っているけれど、彼女をホメる言葉がないばかりに、なんとなくネガティブなイメージ。【B】は彼女個人をホメているから、ポジティブに聞こえる。よって正解は【B】なのです。

ほんのちょっとの違いなんですけどね？

男ほどではないにしろ、女もホメられたがり屋です。

でも、それを〝あの子、私に媚びてるわ〟と思うタイプの女もいます。

この手のへそ曲がりのホメられたがり屋さんをホメる時は、語尾に「！」が付いちゃうようなテンションの高いホメ方をするよりは、「……」が付くような〝ほんと、つくづく羨ましいわ〟という感じのホメ方をする方が、効きます。

わかりやすく言うと、「ほんと、あなたってキレイ！」ではなく、「ほんと……あなたってキレイよねぇ……」という感じ。後者の方が『**つくづく感**』が出ているような気がしませんか。

女友だちとの付き合いを円滑にするための豆知識として、なんとなーく覚えておいていただけると、これ幸い。お役に立てれば光栄です。

第14問

女友だちが「太ってる女はムリだから」と振られて落ち込んでいます。
さて、あなたならどんなホメ言葉を入れて彼女を励まし、慰めますか？
【注意】 女友だちのボディスペックを、身長155センチ体重61キロ。
あなたのボディスペックを、身長162センチ体重48キロのスレンダーボディとします。

A ……………

「大丈夫だよ。○○は全然太ってないよ。彼には女の子を見る目がなかったんだよ。ねっ、だからもうそんなに落ち込まないで。大丈夫だって、○○は本当に太ってないよっ。それに女の子は少しぐらいぽっちゃりしてた方が絶対に可愛いんだから！」

B …

「外見だけで人を判断する男だってことがわかって良かったと、あたしは思うな。

でもさ、やっぱり悔しいよ。○○にはたくさんイイところがあるのにさ、そこを見ようともしないで。だからアイツのこと、見返そうよ！

あたしができることならなんだって協力するから」

••••••••••••••

これは難しいですねえ。

あなたならどちらの言葉をかけますか？

正解

あたしが過去に実際に2度ほど言ったことがあるのは【B】です。明らかに太ってる子に「太ってないよ」とはあたしは言えないから。ただ、正直な意見が、いつも誰に対しても正しいわけじゃないということもわかっています。だから【A】と【B】どちらが正解かというと、どちらも正解やな、と。

だけどやっぱり、女友だちが「太っている」という理由で振られたのだとしたら、あたしは【B】を選んでしまう。だって、痩せることで彼女が今よりも幸せになれるのだとしたら、あたしは彼女が幸せになれる方を応援したいから。

友だちやしね。

第15問

合コン終了。お目当て君のメールアドレスは手に入れられなかったけど、隣に座っていた（外見は）イマイチ君のアドレスはゲット。大人のマナーとして、ご馳走になったお礼のメールくらいは送りたい。さて、あなたならどちらのメールを送りますか？

A ……………

「今日はごちそうさまでした☆　合コンなんて久しぶりだから、最初はすっごく緊張したけど○○さんの隣の席だったからリラックス（イイ意味でですよっ？）して、楽しむことができました！　ありがとうっ　それじゃ気をつけて帰ってくださいねっ。明日もお仕事がんばってください。PS：二日酔いには水分補給がイチバンですよっ！」

B ……………

「今日は楽しかったー☆　また皆で飲みたいよねっ！　あっ、そーだ。今日の皆、フットサルやってるって言ってたでしょ？　応援とか行ってもいいの？　お弁当作って応援しに行くよー☆　それじゃおやすみぃ〜♪♪」

正解

誰がなんと言っても【A】が正解でしょう。

【B】のダメな点はなんてったってALLタメグチなところですが、それ以外もヒドすぎる。いくら興味がない男相手のメールだからって、これはいくらなんでもヤル気なさすぎ。砕けすぎ。気持ち入ってなさすぎ。過剰に気持ちをこめる必要はないけれど「あんたに興味ナシ！」ってのが、ありありとわかるこのメールは、さすがにマナー違反かと。

【A】のメールは少々〝優等生〟すぎるかもしれませんが、このイマイチ君は、仮にもお目当ての彼の仲間です。イマイチ君に媚びて&気に入られてお目当ての彼に近づく——みたいなやり方は、あたしは好きではありませんが、少なくともイマイチ君を不愉快にさせて得することは1つもないように思います。八方美人である必要はないけれど、好感度をさげる必要はもっとないやろ、と思うわけさ。

第16問

彼が・旦那さまが・お父さんが、ちょっとヤバイくらいに太り始めた。痩せて欲しい。でも、直球で「痩せて！」なんて言うと機嫌を損ねそう……。さあ、あなたならどんな風に「痩せてほしい」を伝えますか？

A

「この間、○○さんがあなたのこと見かけたんだって。ちょっとふっくらされましたねぇだって。貫禄が出たってことかな？　それとも痩せたらもっとステキなのにってことかなあ？」

B

「最近ちょっとお腹周りとかアゴの辺りに肉がついてきちゃったね。痩せるとすっごくカッコイイのに、もったいないなあ……」

さあ、あなたならどっち?!

正解

ちなみにあたしは【A】と【B】両方のセリフを、歴代の恋人7人と、父に向かって言ったことがありますが、この合計8人の男たちがダイエットに向けて動き出したセリフはズバリ【A】です。また、あたしがコッロコロに太った時に「やばい、これは痩せなければ！」とプレッシャーを感じたセリフも【A】に似たものでした。近しい人（家族や彼氏）に痩せろと言われるより「第三者が太ったねって言ってたよ」と言われる方が危機やプレッシャーを感じるのは、多くの人が『他人から自分がどう見られているのかを気にする』『良く思われたい』という性質を持っているからだと思います。よって正解は【A】。

ただし【A】のセリフに個人名（この場合だと○○さん）を入れる時は気をつけて。できれば○○さんは架空の人物である方がいいけれど、万が一実名を出すのならば、○○さんが〝悪人〟にならぬよう配慮しましょう。じゃなきゃ○○さんはただの『悪口言いの人』みたくなってしまいますのでねっ。

第17問

女友だちから「すっごくカッコイイ彼氏ができたの！」と〝ノロケ報告〟を受けた時、羨ましい気持ちを抑えながら、どんな風な言葉をかけるのがベストでしょう？

A ……… 「どんな人？　どんな人？　どこの学校？　勤め先は？　えっ?!　いいなあ！　超羨ましいーー!!!　どうやって出会ったのー？」

B ……… 「どんな人？　写真見せてー！　わ！　めっちゃカッコイイじゃん！　いいなあ……なんか2人、すっごくお似合いだね。羨ましいー!!!」

さあ、あなたなら？

正解

あたしの経験上、有名大学に通っている男や、一流企業に勤めている男と交際を始めた女の子の多くは、まずそれをノロケながら聞かせてくれます。「ちょっと聞いて！　○○大学卒で○○に勤めてる彼をゲットしましたー！」みたいな感じでね。それはそれはとても嬉しそうに。※もちろんそうじゃない女の子も大勢いますよっ。

これらの経験から、女友だちがノロケるポイントが「学歴・勤め先・彼の実家の資産（？）」などではなく「すごくカッコイイ」という外見的なモノであった場合は、あたしは断然【B】です。というか、女友だちのノロケポイントが学歴や勤め先であった場合も【B】です。正解も【B】ですっ！

というのも、若い頃、男の価値は「出身大学・勤め先・実家の資産」と信じて疑わない女たちがあたしの周りには結構いましてね、正直うんざりだったんで。あたしに新しい男ができたと知るや「どこの大学？」「会社はどこ？」

「長男？　次男？　実家は何をやってるの？」ってウルセーんだよ、オマエら！　といつも思っていました。大学出てない男だけど、すんげーイイ男なんだよって思ったことも多々ある。

※あたしがお付き合いした人の中には、中卒・高卒の人も少なくない。というか、あたしはそこらへんで男を判断しない。

資産にはこだわったことありますが……。若い頃ね、若い頃。

だからこそ【A】は絶対に言わない。

女友だちがそこをノロケてきたら、それには便乗するけれど。よって、正解は【B】。

だってその女友だちの彼が、いわゆる有名大学・有名企業に勤めていなかったら、せっかくの喜びに水を差すことになっちゃうやん？

第18問

この大不況の最中、お父さんに突然の〝昇進〟の辞令が。お父さんもお母さんも嬉しそうだけど、なんだかちょっとアヤシクなーい？　でもせっかくの温かい雰囲気に水を差すのはアレだし……。さあ、あなたはお父さんにどんなお祝いの言葉をかけますか？

A

「お父さんおめでとー！　すごいね、今までずっと頑張ってきたからだね！　お祝いにどこか食べに行こうよーっ」

B

「お父さんおめでとー！　この時期に昇進なんてすごいね！　でも……本当に大丈夫なのかなあ……。なんかちょっと心配だな。この大不況の今、昇進なんて……」

親しき仲にも礼儀とホメ・温かい言葉は必要！　と思っているあたしです。肉親だからこそ、「厳しいことも言い合える。言う必要がある」という意見に反対はしないけど、肉親からの温かい言葉は、家族以外の人からかけられる励ましや慰めの言葉よりも、心を優しく癒す効果があると思っています。

さあ、愛娘のあなた！　旦那さまのことを「お父さん」と呼んでいるあなた！

あなたならどちらを選びますか？

正解

昇進を嬉しく思う反面、「こんな大不況真っ只中の突然の昇進なんて、何か裏があるんじゃなかろうか」と不安に思っているのはお父さんも同じじゃないかなーと、あたしは思ったりするわけです。だからこそ家族ぐらいは、そんな不安を吹き飛ばす勢いで盛大に、お祝いしてほしい。

よって正解は【A】です。

喜びに水を差す言動、これは立派な（?）マナー違反だと思いますよっ?

第19問

リストラ候補にあがって、かなり凹んでいるお父さんに、どんな言葉をかけるのがベストでしょうか？　ちょっと難問ですが、さあ、どっち？

A

「お父さん！　お父さんのおかげで私たちは今まで何不自由なく暮らせてきたんだから、万が一のことがあっても大丈夫！　家族皆で頑張れば、なんとでもなるよっ！」

B

「お父さん！　リストラ候補なんて何かの間違いだよ。大丈夫、お父さんは今まで会社のために頑張ってきたんだから、リストラなんてされるわけないじゃん！」

正解

【B】は多分、お父さん自身が何度も何度も、心の中で自分に向けて言ったセリフだと思うんですよ。「まさか俺が……」「俺がどれだけ今まで会社のために尽くしてきたと思ってるんだ」「リストラ候補なんて何かの間違いに決まってる」と。

だからこそ、最愛の娘や妻からこのように言われて安心するタイプと、逆にそんな自分を（娘や妻にこんなことを言わせている自分を）情けなく思ってしまうタイプがいると思います。男は良い意味でも悪い意味でも「脆《もろ》い」です。打たれ弱いっていうか。

よって、あたしなら【A】を言うだろうし、あたしが父親なら【A】を言われたいかな、と。父親のタイプに関係なく使えるという点で、【A】を正解。と、したいところですが――お父さんのタイプによっては【B】で気持ちが救われる人もいるだろうし……。ということで、第18問に関しては【A】【B】両方正解としますっ！

この大不況です。世の中のお父さんは最愛の妻・子どものために頑張っています。多分、すんげー頑張って歯を食いしばって、下げたくない頭を下げたりしてるんじゃないかなーって。

今これを読んでいるそこのアナタッ！　今日くらいは、お父さんに旦那さまに、ちょっと優しい言葉・ねぎらいの言葉、「いつもありがとう」の言葉をかけてみてはいかがでしょうかっ？

第20問

最後までお付き合いありがとうございました。

さて、このアタクシ春乃れぃが、読者の皆さんから言われて一番嬉しいホメ言葉は次のうちのどちらでしょう。

【注意】 春乃れぃはホメれば伸びます。春乃れぃはホメられるのが大好きです。ただし、お世辞は大嫌いという、厄介な性格です。

A

「すっごいすっごい役に立ちました。れぃさん、ありがとう。これからも、女の子の役に立つ本をいっぱいいっぱい書いてくださいねっ。でも、たまには身体を休めてください。ムリは禁物ですよーっ」

B

「れぃさんは年齢の割りには若く見えるし、お世辞にも細い！　とは言えないそのバディも、健康的でイイと思いますっ！　その丸いアゴも、……「愛嬌たっぷりだと思いますっ！」

さあ！　どっちを選ぶんだいっ⁈

ホメろホメろーっ！　ホメとけ、ホメとけ！　ワロとけ、ワロとけ。←？

正解

どっちも嬉しいに決まっとんがな。
あ……なんか、目から変な汁が……。ううっ。うううっ。

ありがとおおおおう！

はい、では皆さま。
合計得点は何点でしたでしょうか？
春乃れぃの独断と偏見、偏見の塊であなたの
『ホメテクレベル』を診断させていただきます。
チェックしやがれっ！

0点から25点のあなたは、ホメテク初心者

はっきり言ってまだまだです。BUT、ドンウォリー・ビーハッピー。

なぜならホメテクは、時に外見の良し悪しに左右されることもある〝モテテク〟とは違い、誰にでも平等に効果を出すことができるからです。

あなたに足りないのは、たぶん**「ホメる勇気」**——これだけです。

まずは身近な男性を実験台に（ぎゃっ！　失礼ぶっこき！）、ホメることに慣れましょう。

そうすれば良い意味で「世の中（や、男）のチョロさ」を肌で感じることができるので、人が怖くなくなったり、自分に自信を持てるはず。

また、その自信はあなたを今よりも、もっと魅力的にしてくれますよっ！

30点から50点のあなたは、ホメテク中級者

必要最低限のホメテクを身につけているあなたは、友だちも多く、なかなか楽しい毎日を送っているのではありませんか？

でも、もしかすると「イイコ」「イイ人」と思われている自分に、実は少し不安があったりなんかしちゃったり？　ＢＵＴ、ドンウォリー・ビーハッピー。

ホメテクの基本をマスターしているあなたに必要なのは**「臨機応変さ」**。

敵になりそうにない相手だけをホメるのではなく、苦手なタイプの人をホメて、対応能力を高めていく。そうすればあなたは今よりも魅力的になれるはず！

55点から80点のあなたは、ホメテク上級者

ズバリ、あなたは「ホメテク・クィーン」です。怖いもんナシ！　向かうと

ころ敵ナシ！

どうぞこのまま、ホメ技の女王として君臨していっていただきたい。

ただ……心配な点が1つだけあります。

それは、ホメ言葉を巧みに操るあなたは、もしかすると周囲の人たちから「あまりに口が巧いので、いまいち信用できない娘」だと思われているかもしれないってこと。

BUT、ドンウォリー・ビーハッピー。その心配は、言葉に「行動」を添えるだけで改善されます。ようは、「口先だけじゃありませんよ」というのを、行動でも示しましょうってことですにゃ。そうすればあなたは無敵のホメテクマスターになれるはず！

よっ！　世渡り上手っ！

85点から100点満点のあなたは、KING OF ホメテク

ホメテク・クィーンを先に書いてしまったので、１００点満点&女性なのに「ＫＩＮＧ」という、嬉しいんだか嬉しくないんだかよくわかんねー称号でちょっぴりゴメンゴ。ＢＵＴ、ドンウォリー・ビーハッピー。

あなたのそのスーパーホメテクニックは、周りの人に自信と幸せを与え、家庭に平和を、地球に大量のマイナスイオンをもたらしていることでしょう。いやいや、ほんまにスゴイですよ、このテストでの１００点満点は！　自惚れろっ！

人をホメることの素晴らしさを、あなたは充分にわかっていることでしょう。なのであたしから言うことは何もありません。どうぞこのまま、ＫＩＮＧの道を歩き続けていってください。そして、あたしと共に**「ホメ言葉の伝道師」**として、世にホメテクを広げていきましょう！

「え？　それはイヤです、って？　だって、ホメ言葉は私の武器だもん、ですって？　皆には教えたくないって？」

――まあ、その気持ち……ちょっとはわかるけどねえええええ。

あとがき

春乃れぃプレゼンツ『ホメテク』はいかがだったでしょうか？

皆さんのお友だち関係・会社の上下関係・恋愛事情・親子関係夫婦関係などに、できるだけ『具体的に』お役に立てたらええなーと思って、Ｌｅｓｓｏｎ４はクイズ形式にいたしました。

「そうや、クイズ形式にしよう！」と、自分でアイデアを出したものの、思ったよりも苦労しまして……。半ば軽く諦めモードに入ってしまいました。

だけど、読者の方からいただいたメールを読み返し、「舞ってくれてる人がいる」って、踊ってどうする！　舞ってどうすんねん！

――「待ってくれてる人がいるんだから」と、イヤラシクない意味で自分を慰め、奮い立たせ、ようやく書き上げた次第です。マジよ？

誰だって、誰かに認められたいです。誰かにホメられたいです。

老若男女、皆同じ。オバチャン、髪形、皆同じ。

決して大袈裟ではなく、ホメ言葉は『素晴らしい言葉』やと思います。

旦那さんや彼氏のホメ言葉で、「ふふっ。もっと綺麗になっちゃるき！」と
闘志が燃えるように、彼や旦那さん、お父さんだって私たちからのホメ言葉1
つで、簡単にウキウキしちゃうんです。いろんなこと、頑張っちゃうんです。

相手に求めるばかりじゃあきません。ホメられたいなら、まずホメる。

相手はあなたをなかなかホメてくれないとしても、あなたは相手をホメ続ける。

ダイジョーブ！〝的確〟にホメれば、ホメ続ければ、必ず相手は変わります。

だって、ヤツらはホメられたがり屋。

次も、その次もまたホメられたいから、イイコになります。これ、ほんとですよ？　ただし、「ホメる」と「おだてる」は違いますからねっ？

「ホメる」と「お世辞」も違いますからねっ？　その点だけ、ご注意くださいませ。

最後までお付き合いくださり、ありがとうございました。


春乃れぃでしたー。ほな、またねー。

春乃れぃ

はるの・れぃ

台湾人と日本人のハーフとして台湾に生まれ
幼少〜思春期を米ロスで暮らす。
少年院、クラブホステスなどを経て、女社長に。
その後、SM女王などあらゆる風俗業を経験し
アンダーグラウンドを極める。
ケータイ書籍「恋愛博打」で作家デビュー。
歯に衣着せぬ毒舌がうけ、「濡れ男」「女王様がロバに鞭」など
各ケータイ書籍サイトの売上げランキングに続々とベストテン入りした。
現在は、カリスマ・ケータイ作家として
ケータイ書籍、雑誌コラムなどで活躍中。
著書に『モテれ。』『魔性れ。』『濡れ男』『モテまくれ。』
『メールでモテれ。』『本気モテ。』『可愛く魔性れ。』『メールの女王』(小社刊)
『彼のセリフでわかる男ゴコロ』(大和出版)
『恋のクスリ。』『恋ナビ』(廣済堂出版)
『恋のあ〜ん。』(KKベストセラーズ)がある。
春乃れぃ WEBSITE〈http://reichdk.fc2web.com/〉

Special Thanxs!
Dad,Mam,Bro.,Lover-d,Friends,
Boss-Saitoh,U-king,Occhy,Mr.nagao
Ms.koyama,and more...XOXO!!!
Super Thanxs!
komukai- yumiko san

この書籍はケータイ書籍「ホメテク」に
書下ろしを追加し編集したものです。

ホメテク

恋も仕事もすべて思い通りになる

2009年11月21日　初版第1刷発行

著者――――春乃れぃ
発行人――――齋藤純一
発行――――株式会社モバイルメディアリサーチ
An Impress Group Company
〒102-0075 東京都千代田区三番町20番地
http://mmr.jp/
発売――――株式会社インプレスコミュニケーションズ
An Impress Group Company
〒102-0075 東京都千代田区三番町20番地
印刷所――――東京書籍印刷株式会社

ISBN978-4-8443-7081-9

● 造本には万全を期しておりますが、万一、落丁・乱丁がございましたら、送料小社負担にてお取り替えいたします。お手数ですが、インプレスコミュニケーションズ・カスタマーセンターまでご返送ください。
● 商品のご購入についてのお問い合わせ先
[インプレスコミュニケーションズ・カスタマーセンター]
〒102-0075 東京都千代田区三番町20番地
Tel 03-5213-9295　Fax 03-5275-2443　E-mail info@impress.co.jp
● 書店・取次様のお問い合わせ先
[出版営業部]
〒102-0075 東京都千代田区三番町20番地
Tel 03-5275-2442　Fax 03-5275-2444
● 本書に関するご意見・ご感想は E-mail info@mmr.jpまで。